Thorre Schlaméus
ZEN oder die Kunst, vom Rauchen zu lassen

Licht aus dem Osten

Dr. med. Egbert Asshauer
Tibets sanfte Medizin
Heilung vom Dach der Welt. 5. Auflage. ISBN 3-0350-0005-0

Kai Uwe Frank
Altchinesische Heilungswege
Das Handbuch der fernöstlichen Naturheilkunde. 7. Auflage
ISBN 3-0350-5021-X

Ingo Jarosch
Die sanften Künste
Das Geschenk Asiens – Harmonie, Körpererfahrung,
Kraft und Entspannung. ISBN 3-0350-0016-6

Dr. Thomas Methfessel
Qigong für Anfänger
Farbig illustrierte Einführung in Theorie und Praxis der chinesischen
Gesundheitsübungen. Neu! ISBN 3-0350-5060-0
Tai Chi
Illustrierte Einführung in die chinesische Bewegungsmeditation.
10. Auflage. ISBN 3-0350-5028-7

Franz Reichle
Das Wissen vom Heilen
Tibetische Medizin. 6. Auflage. ISBN 3-0350-3010-3

Matthias Schramm
Ayurveda für Anfänger
Das Wissen vom langen Leben. 2. Auflage. ISBN 3-0350-5052-X

Dieter Stahl
Feng Shui
So schaffen Sie sich ein gesundheitsförderndes Umfeld. ISBN 3-0350-3010-3

Anders Weber
Autogenes Training – eine Lebenshilfe
Seine Geheimnisse verstehen und im täglichen Leben
entspannt anwenden. 2. Auflage
ISBN 3-0350-0003-4

Gesundheit geht uns über alles:
Bücher von Oesch und Jopp in Ihrer Buchhandlung
Aktuelle Programm-Informationen unter:
www.oeschverlag.ch
www.joppverlag.ch

Thorre Schlaméus

ZEN
*oder die Kunst,
vom Rauchen zu lassen*

Oesch Verlag

Alle Rechte vorbehalten
Nachdruck in jeder Form sowie die Wiedergabe
durch Fernsehen, Rundfunk, Film, Bild- und Tonträger,
die Speicherung und Verbreitung in elektronischen
Medien oder Benutzung für Vorträge, auch auszugsweise,
nur mit Genehmigung des Verlags

Die Ratschläge in diesem Buch sind von Autor und Verlag
sorgfältig erwogen und geprüft; dennoch kann eine
Garantie nicht übernommen werden. Eine Haftung des Autors
bzw. des Verlags und seiner Beauftragten für Personen-,
Sach- und Vermögensschäden ist ausgeschlossen.

Copyright © 2004 by Oesch Verlag AG, Zürich
Umschlagbild: Indicolor AG, Zürich
Druck und Bindung: Ebner & Spiegel, Ulm
Printed in Germany
ISBN 3-0350-3019-7

Gern senden wir Ihnen unser Verlagsverzeichnis:
Oesch Verlag, Jungholzstraße 28, 8050 Zürich
E-Mail: info@oeschverlag.ch
Telefax 0041/44 305 70 66 (CH: 044/305 70 66)

Unser Programm finden Sie im Internet unter:
www.oeschverlag.ch

Inhalt

Einleitung 7

Lektion I
Den Geist für die Wirklichkeit öffnen 17

Lektion II
Den Gegner durchschauen 33

Lektion III
Die wahre Form erfassen 41

Lektion IV
Den Gegner würdigen 53

Lektion V
Die Angst überwinden 61

Lektion VI
Einen Entschluß fassen 75

Lektion VII
Vom Kampf ohne Krafteinsatz 87

Inhalt

Lektion VIII
Erkenne dich selbst 99

Lektion IX
Den Schlag führen 109

Lektion X
Achtsamkeit und Gelassenheit 117

Literaturangaben 125
Bildlegenden 126

Einleitung

Kennen Sie sich mit Dämonen aus? Nein? Nun, dies ist ein Buch, das von Dämonen handelt – genauer gesagt geht es um den Kampf gegen Dämonen aus der Sicht des Buddhismus. Das vorliegende Konzept ist Resultat meiner persönlichen Auseinandersetzung mit der Sucht des Tabakrauchens. Die von mir hier dokumentierten Methoden und Denkansätze stellen das Ergebnis eines spannungsreichen geistigen Prozesses dar, in dessen Verlauf ich schließlich erkannte, worin das Wesen dieser Sucht besteht und welche Schritte zu unternehmen sind, um die Fesseln der Abhängigkeit zu sprengen.

Die Frage nach einer Strategie, die es erlaubt, Raucher sicher durch den Irrgarten suchtbedingter Fiktionen zu leiten, stellte sich mir, als mir durch eigenes Erleben bewußt wurde, welche Bedrohung für Körper und Geist vom »Dämon Nikotin« ausgeht. Dabei wollte ich eine »Strategie des Schreckens« unbedingt vermeiden, denn ich bezweifle, daß die Angst vor den Folgen des Rauchens einen brauchbaren Weg in die Freiheit weisen kann. Diese Angst, die jeder Raucher irgendwie kennt, da niemand die schrecklichen gesundheitlichen Konsequenzen des Rauchens ganz zu igno-

Einleitung

rieren vermag, kann vielleicht als Anreiz dienen, nach einem Ausweg zu suchen. Doch jene Brücke, die es ermöglicht, das Schattenreich der Sucht zu verlassen, muß eine solide Konstruktion sein. Sie kann nicht auf der Basis wechselhafter Emotionen errichtet werden.

In der buddhistischen Philosophie, so wie sie sich beispielsweise in den Lehren des japanischen Zen darstellt, finden wir Handlungsprinzipien, die helfen können, das Phänomen der Nikotinsucht in einem ganzheitlichen Kontext zu betrachten. Gerade dieser größere, umfassendere Bezugsrahmen ermöglicht Lösungsansätze, die sich nicht erschließen werden, solange man versucht, das Problem mit Hilfe von Ersatzpräparaten (Nikotinpflaster, Kräuterzigaretten etc.) zu bewältigen.

Die traditionellen Kampfkünste Ostasiens stehen in einer besonderen Verbindung zu den Lehren des Bud-

Einleitung

dhismus und des Daoismus. Hier werden seit jeher Methoden des Trainings gewählt, die dem Praktizierenden eine möglichst ganzheitliche Anschauung vom Wesen des Konflikts vermitteln. Die Meister der Kampfkünste betonen, daß der Kampf zwischen zwei Gegnern als Symbol für das Aufeinandertreffen zweier entgegengesetzter Energien verstanden werden kann und kämpferische Strategien somit auf jede Art von Konflikt anwendbar sind.

In zeitgenössischen Abhandlungen buddhistischer Meister des Altertums werden schädliche, das heißt lebensfeindliche Energien oft im Bild des Dämons umschrieben. So verhält es sich auch in einer sehr alten buddhistischen Geschichte, die mich in ihrer dunklen, rätselhaften Metaphorik beeindruckt hat und eine wesentliche Inspiration für die vorliegende Arbeit darstellte:

Ungefähr einhundert Jahre nachdem Buddha Shakyamuni in das Nirvana einging, tauchte in China ein Wesen mit dämonischen Absichten auf. Dieses Wesen war wegen seiner großen Habgier verrückt geworden und sprach, während es starb, folgende Worte: »Mögen die Wesen dieser Erde durch den Kontakt mit meinem Körper in schmerzhafte Daseinsbereiche geführt werden. Begrabt meinen Körper unversehrt, und nach einiger Zeit wird aus ihm eine Pflanze hervorgehen, die anders ist als alle anderen. Durch den Geruch allein werden die Menschen ein großes Vergnügen empfin-

Einleitung

den, aber es wird sie ihres geistigen Friedens berauben. Diese Pflanze wird sich überall ausbreiten, bis sich fast alle Wesen dieser Erde der Illusion hingeben, sie zu genießen.«

Dämonen besitzen nach buddhistischer Vorstellung die Macht, den Menschen Kämpfe aufzuzwingen, aus denen nur diejenigen siegreich hervorgehen, die die Beschränkungen des Geistes überwunden haben. So ist es der Dämon Mara, dem gemäß buddhistischer Überlieferung die bedeutungsvolle Rolle zukommt, die Makellosigkeit von Siddhartha Gautama – dem Begründer des Buddhismus – zu prüfen. Buddha, der sich am Fuße eines Bodhibaumes niedergesetzt hatte, um vollkommene Einsicht in das Wesen der Dinge zu erlangen, mußte zunächst im Kampf gegen Mara sowohl der Verlockung als auch der Furcht widerstehen. Nachdem er Mara bezwungen hatte, erfuhr er die Befreiung des Geistes.

In diesem Sinne ist es wichtig, die buddhistische Metapher des Dämons als Symbol einer den menschlichen Interessen entgegengesetzten Kraft zu verstehen, die jedoch in ihrer erzieherischen Wirkung von unschätzbarem Wert ist. Im Falle des »Dämons Nikotin« haben wir es, wieder metaphorisch gesprochen, mit einem Gegner zu tun, der dem Menschen einige spezielle mentale Manöver abverlangt, um die verhängnisvollen Täuschungen zu überwinden, die den Raucher im eisernen Griff der Sucht gefangenhalten.

Einleitung

Es lag für mich als Lehrer traditioneller chinesischer Kampfkunst nahe, das Problem aus der Perspektive des Kriegers zu betrachten, der sich auf einen Kampf vorbereitet. Dieser Kampf wird – wie übrigens alle Kämpfe – allein auf mentaler Ebene entschieden. Ich begann, auf der Basis meines Wissens und meiner Erfahrungen nach einer Methode zu suchen, den Dämon in einem einzigen kraftvollen Schlag niederzustrecken. Als ich schließlich in der Lage war, diesen Hieb auszuführen, hatte sich in meinem Bewußtsein eine bedeutungsvolle Entwicklung vollzogen.

Ich bitte Sie, dies als den elementaren Aspekt meiner Strategie zu begreifen: Der Kampf gegen die Sucht wird Sie mit jenen Kräften Ihres Bewußtseins in Kontakt bringen, die darüber entscheiden, wie Sie die Welt, in der Sie leben, wahrnehmen. Sie haben jetzt die Möglichkeit, das Wesen des Suchtkonfliktes als ein ganz und gar mentales Problem zu durchschauen. Gelingt Ihnen dies, dann sind auch Sie bereit, den entscheidenden Schlag zu führen.

Natürlich ist mir bewußt, daß sich bei diesem Ansatz eine Schwierigkeit ergibt, die mit konventionellen Denkweisen unserer Gesellschaft zusammenhängt: Traditionellerweise neigen wir der Auffassung zu, das Führen von Kämpfen sei eine gewalttätige und außerdem rein männliche Angelegenheit. Auch wenn diese Sicht der Dinge verständlich sein mag, wenn wir uns an Beispielen des militärischen oder auch alltäglichen Machismo orientieren, so gilt es, in unserem Zusammenhang

Einleitung

mit frischem Blick auf das Phänomen des Kampfes zu schauen.

Um den Kampf so zu führen, wie es innerhalb der buddhistischen Tradition vermittelt wird, bedarf es der Harmonie zwischen männlichen und weiblichen Kräften. Wenn Sie sich die Zeit nehmen, den Charakter der Sucht genauer unter die Lupe zu nehmen, dann werden Sie sehen, daß wir es hier mit einer Kraft zu tun haben, die sehr stark ist. Diese Kraft richtet sich gegen Sie.

Sie befinden sich, ob es Ihnen gefällt oder nicht, in einem Konflikt, den Sie klären und für sich entscheiden müssen, wenn Sie Ihre Lebensqualität bewahren wollen. Dieser Konflikt wird in buddhistischer Tradition als Kampf umschrieben, nicht weil Sie Gewalt oder Aggression zu seiner Lösung einsetzen müssen, sondern weil Sie souverän, gelassen und mit Weisheit an die Sache herangehen sollten.

Wird ein Meister der Kampfkunst von Feinden angegriffen, so verteidigt er sich, ohne die Nerven zu verlieren. Er weiß, was zu tun ist, auch wenn die Situation chaotisch erscheint. Diese Fähigkeit können Sie ebenfalls erreichen, wenn der Nikotin-Dämon Sie zu überwältigen droht. Indem Sie den Kampf gegen die Sucht auf buddhistische Weise erlernen, werden Sie bisher vernachlässigte Potentiale Ihrer Persönlichkeit entfalten.

Auf diese Weise kann das Männliche, dem man traditionellerweise die Eigenschaft der Härte zuschreibt, durch weibliche Qualitäten, wie beispielsweise Flexibi-

Einleitung

lität, bereichert werden. Umgekehrt wird das Weibliche, das sich bisher vielleicht primär auf eine hochentwickelte Intuition stützte, im buddhistischen Training durch ein männliches Attribut wie z. B. Zielstrebigkeit gestärkt.

Bevor Sie beginnen, die hier vorgestellten zehn Lektionen zu studieren, möchte ich Ihnen einige Hinweise ans Herz legen, die Sie unbedingt beachten sollten, wenn Sie ernsthaft daran interessiert sind, Ihre Sucht mit Hilfe meiner Instruktionen zu überwinden.

Zunächst bitte ich Sie, den Text so aufzunehmen, als würden wir uns persönlich kennen. Ich weiß, daß dies eine ungewöhnliche Forderung darstellt, aber glauben Sie mir, es ist von erheblicher Bedeutung, daß Sie meine Ausführungen so aufnehmen, als wären sie von mir direkt für Sie geschrieben worden. Es gibt einige buddhistische Meister, die ihre Vorträge stets mit der Bitte an die Zuhörer beginnen, die ausgeführten Darlegungen als ganz persönliche Hinweise zu betrachten, denn im Buddhismus mißt man nicht nur der Frage, *ob* ein Mensch etwas Bestimmtes tut, Bedeutung bei. Von großer Wichtigkeit ist ebenfalls, *wie* er es tut. Nur wenn Sie sich wirklich persönlich angesprochen fühlen, das heißt Ihr Herz öffnen, werden Sie die Veränderungen in Ihrem Bewußtsein bewirken können, die Sie letztlich dazu befähigen, sich zu befreien.

Falls Sie eine akademische Ausbildung genossen haben oder aus beruflichen Gründen mit dem Lesen um-

Einleitung

fangreicher Texte vertraut sind, verfügen Sie mit Sicherheit über Fähigkeiten, die als »punktuelles Lesen« oder auch »diagonales Lesen« bezeichnet werden. Im Falle des vorliegenden Konzeptes ist es von größter Wichtigkeit, daß Sie von diesen Lesetechniken keinen Gebrauch machen. Bitte nehmen Sie sich die Zeit, den Text langsam zu lesen und in aller Ruhe wirken zu lassen.

Sie kennen vielleicht die populären »magischen« Bilder, die es gestatten, mit Hilfe einer speziellen Betrachtungstechnik (z. B. Schielen) versteckte Formen und Figuren wahrzunehmen. In einem ähnlichen, wenngleich nicht völlig identischen Sinne enthalten die folgenden zehn Lektionen Bilder, die sich Ihnen nur erschließen, wenn Sie sich langsam durch den Text bewegen und jede Hast vermeiden.

Es ist nicht notwendig, daß Sie sich während der Lektüre meiner Strategie durch sofortiges Nichtrauchen unter Druck setzen. Vielleicht sind Sie der Meinung, diese Auseinandersetzung hätte nur Sinn, wenn Sie Ihren Wunsch, Nichtraucher zu sein, augenblicklich in die Tat umsetzen. Das Gegenteil ist der Fall. Im Moment sollten Sie alles tun, um eine entspannte Atmosphäre zu schaffen. Körperliche und geistig-emotionale Entspannung ist der ideale Zustand für eine Tätigkeit wie Lesen, Lernen oder Denken. Da Sie als Raucher diesen Zustand wahrscheinlich nicht erreichen, wenn Sie sich zum Nichtrauchen zwingen, sollten Sie vorerst Ihre Routinen beibehalten.

Einleitung

Abschließend möchte ich Ihnen einen besonders wichtigen Rat geben. Obwohl es sich zunächst trivial anhören mag, ist dies vielleicht eine der wertvollsten Lehren, die wir aus dem Buddhismus gewinnen können: Egal, wie sich Ihr Leben in der näheren oder fernen Zukunft entwickelt, bewahren Sie Ruhe. Die Unerschütterlichkeit eines Buddha ist nur den wenigsten unter uns gegeben, doch wenn Sie sich verdeutlichen, daß es besonders in kritischen Situationen auf eine gefaßte Geisteshaltung ankommt, werden Sie sich nicht gedankenloser Hektik überlassen.

Das Ziel buddhistischer Erziehung ist Frieden. Süchte verurteilen uns dazu, in einem inneren Krieg zu leben. Wenn Sie die folgenden zehn Lektionen in Ruhe studieren und überdenken, werden Sie in der Lage sein, den Krieg in Ihrem Innern zu beenden.

Ich wünsche Ihnen von ganzem Herzen, daß Sie einen Weg finden, den Dämonen dieser Welt ein klares Bewußtsein entgegenzusetzen und Ihr Leben so zu führen, wie Sie es sich erhoffen.

Berlin, August 2004 *Thorre Schlaméus*

Lektion 1

Den Geist für die Wirklichkeit öffnen

Unterliegt ein Mensch Täuschungen, so werden sein Denken und auch sein Handeln irregeleitet sein, ganz gleich, worin die Motive dieses Menschen bestehen. So kann auch eine Person, die die besten Absichten hegt, schwere Fehler begehen, wenn sie sich von Fiktionen leiten läßt. Der Begriff Fiktion wird in buddhistischen Lehrtexten im Sinne einer Falschannahme als Ursache diverser schädlicher Verhaltens- und Reaktionsweisen angeführt. Aus diesem Grunde ist es nicht verwunderlich, daß sich ein erheblicher Teil der buddhistischen

Lektion 1

Methodologie auf das Ausräumen fiktiver Vorstellungen konzentriert.

Fiktionen sind immer Merkmal einer Sucht. So besteht die wahrscheinlich schwerwiegendste Täuschung des Rauchers in der anfänglichen Annahme, er sei nicht süchtig. Falls Sie als Raucher dieser Meinung sind, stehen Sie am Beginn eines wichtigen Gedankenprozesses, in dessen Verlauf Sie sich Klarheit über das Wesen Ihres Tabakkonsums verschaffen müssen. Solange Sie der Überzeugung anhaften, frei entscheiden zu können, wann, wo und wieviel Sie rauchen, werden Sie das grundlegende Problem des Tabakrauchens nicht verstehen.

Dieses Problem besteht nicht in der Giftigkeit der Tabakbestandteile. Chlor ist ebenfalls giftig, aber Sie werden nicht auf die Idee kommen, täglich etwas Chlorgas zu inhalieren. Das Problem liegt in der suchtauslösenden Wirkung des Nikotins. Aufgrund einer speziellen molekularen Architektur ist Nikotin in der Lage, alle körpereigenen Abwehrmechanismen zu täuschen und einen Suchtprozeß auszulösen. Wie dies funktioniert, werden wir im nächsten Kapitel genau erörtern.

Im Augenblick ist wichtig, daß Sie sich fragen, wie frei Ihre Entscheidungen wirklich sind, wenn es um das Rauchen geht. Haben Sie Ihren Konsum unter Kontrolle? Ja? Ich habe über dieses Thema mit vielen Rauchern gesprochen und fand meine eigenen Erfahrungen bestätigt: Die gedankliche Vorstellung der Kontrolle

Den Geist für die Wirklichkeit öffnen

aufrechtzuerhalten, ist für jeden Raucher anfangs von großer Bedeutung. Niemand fühlt sich bei dem Gedanken wohl, von etwas abhängig zu sein. Doch nur die wenigsten langjährigen Raucher täuschen sich in diesem Punkt. Die Wahrheit ist: Kein Raucher hat das Rauchen unter Kontrolle.

Während meiner Ausbildung an der Charité zu Berlin arbeitete ich einige Wochen auf einer Station für Hals-Nasen-Ohren-Heilkunde. Nicht wenige Patienten, die ich dort physiotherapeutisch behandelte, hatten sich einer schwerwiegenden Tumoroperation im Halsbereich, der Laryngektomie, unterziehen müssen. Bei diesem Eingriff wird der Kehlkopf chirurgisch komplett entfernt, deshalb ist der Patient von diesem Zeitpunkt an gezwungen, durch eine Trachealkanüle zu atmen, die sich im unteren Halsbereich befindet. Obwohl die meisten Patienten diese Operation wegen starken Tabakrauchens hatten ertragen müssen, dessen zerstörerische Wirkung also in höchst dramatischer Weise am eigenen Leibe erfahren hatten, ließen erstaunlich viele der Betroffenen nicht vom Rauchen ab. In meinen Pausen traf ich sie im Foyer; sie rauchten, indem sie den Zigarettenqualm durch ihre Kanülen inhalierten.

Aus diesem Erlebnis wird ersichtlich, daß sich die Sucht, die durch den Konsum von Tabakwaren ausgelöst und aufrechterhalten wird, von einem bestimmten Zeitpunkt an selbst dann nicht mehr kontrollieren läßt, wenn dem Betroffenen die destruktiven und letztlich tödlichen Konsequenzen klar vor Augen stehen. Der sukzessive Verlust von Unabhängigkeit muß hier als ein grundlegendes Merkmal der Nikotinsucht verstanden werden. Es liegt im Wesen der Sucht, daß sie sich einer Kontrolle entzieht. Falls Sie glauben, Sie werden keinesfalls in eine so dramatische Situation geraten, dann stimme ich Ihnen gern zu. Voraussetzung dafür ist allerdings, daß Sie das Rauchen beenden. Dies ist die einzige Möglichkeit der Kontrolle.

Wenn man sich meine oben beschriebene Erfahrung durch den Kopf gehen läßt und meiner Behauptung folgt, daß jene verhängnisvolle Entwicklung das Resultat einer geistigen Täuschung ist, so stellt sich unweigerlich die Frage, wie es zu einer derart gravierenden Täuschung des Denkens überhaupt kommen kann. Eine Antwort auf diese Frage finden wir, wenn wir beobachten, mit welchen Methoden der Raucher den zunehmenden Verlust von Unabhängigkeit kompensiert.

Jemand, der keine spürbaren »Nebenwirkungen« des Rauchens wahrnimmt außer vielleicht einem leichten Kratzen im Hals, wird zur persönlichen Rechtfertigung andere Argumente entwickeln als jemand, dem wegen des Rauchens gerade ein Bein amputiert wurde. Die Selbsttäuschungen eines Rauchers, seine Erklärungen, Argumentationen und Rechtfertigungen durchlaufen eine Entwicklung, die sich parallel zu den Schwankungen des Konsums und dem Ausmaß der resultierenden Beeinträchtigungen vollzieht.

Das bedeutet: Je tiefer ein Mensch in die Sucht gerät, desto größer ist das Ausmaß der Selbstmanipula-

Den Geist für die Wirklichkeit öffnen

tion. Jemand, der auf zwanzig Jahre starken Rauchens zurückblickt, hat einen tiefgreifenden psychischen Prozeß durchlebt, der sowohl von starken Selbstvorwürfen als auch von – im Grunde unhaltbaren – Rechtfertigungen geprägt ist. Im Verlauf der Sucht muß der Betroffene angesichts diverser gescheiterter Versuche, das Rauchen zu beenden, Rechtfertigungen bemühen, die zunehmend unrealistischer werden. Dies kann beispielsweise in der absurden, aber oft gehörten Überzeugung gipfeln, genetisch zur Sucht veranlagt und somit quasi durch das Schicksal zur Sucht verdammt zu sein. Das bedeutet aber somit auch: Je tiefer ein Mensch in die Sucht gerät, desto schwieriger wird es für ihn, seine eigene Lage objektiv zu beurteilen.

Wenn Sie der Meinung sind, zum augenblicklichen Zeitpunkt über ausreichend Kontrolle zu verfügen, und glauben, den »Absprung« zu schaffen, bevor es kritisch wird, stellen Sie sich folgende Frage:

Falls Sie wirklich die Kontrolle besitzen, falls Sie wirklich unabhängig sind und Ihnen auch klar ist, daß der folgende Test von entscheidender Bedeutung sein kann, warum versuchen Sie nicht einfach, drei Monate ohne Rauchen zu leben? Wenn Sie die Fähigkeit besitzen, dies ohne weiteres zu tun, brauchen Sie sich keine Sorgen mehr zu machen, denn Sie wissen dann, daß es für Sie möglich ist, auch ohne Rauchen Spaß am Leben zu haben. Bevor Sie zu diesem Urteil kommen, ist es jedoch wichtig, daß Sie es wirklich tun. Es reicht nicht aus, anzunehmen, daß Sie es könnten.

Lektion 1

Spätestens an diesem Punkt dürfte Ihnen klar werden, wie absurd die Annahme ist, der Raucher könnte seinen Konsum ohne weiteres kontrollieren. In der Regel sind alle Kontrollversuche zum Scheitern verurteilt, ganz einfach, weil ein Leben, das in ständigem Kampf gegen ein Verlangen geführt wird, sehr anstrengend und unerfreulich ist. Selbst wenn es Ihnen gelingt, Ihre Rauchgewohnheiten innerhalb eines gewissen Rahmens zu steuern, sollten Sie verstehen, daß Sie dafür Disziplin, also Energie aufwenden müssen. Diese Energie fehlt Ihnen an anderer Stelle. Ich empfinde den Energieverlust, den der Raucher aufgrund permanenter Auseinandersetzung mit seiner Sucht erleidet, als besonders tragisch. Stellen Sie sich vor, wieviel Energie Ihnen zur Verfügung stehen würde, wenn Sie nicht täglich mit einer Sucht kämpfen müßten, die kontinuierlich stärker wird. Denn dies ist der natürliche Verlauf der Sucht: Sie wird stärker.

Doch betrachten wir vorerst Ihre aktuelle Situation. Wie sieht Ihr Leben mit dem Tabakrauchen aus? Glauben Sie, gegenüber einem Nichtraucher im Vorteil zu sein? Glauben Sie, im Nachteil zu sein? Vielleicht erscheint Ihnen diese Frage ungewöhnlich, aber ich denke, ihr Sinn ist verständlich. Ebenso wie die meisten Raucher aussagen, daß sie rückblickend lieber gar nicht erst mit dem Rauchen begonnen hätten, so glaubt fast jeder langjährige Raucher, einem Nichtraucher gegenüber im Nachteil zu sein. Fragt man genauer nach, worin die Nachteile denn konkret bestehen, erhält man

meist nur sehr vage Antworten. Dies ist vielleicht eine Folge des Verdrängungsprozesses, der bei jedem Raucher dazu führt, daß er über das eigentliche Für und Wider des Rauchens nicht mehr nachdenken muß.

Ich gab es irgendwann auf, über mein Leben als Raucher nachzudenken, denn die Realität war für eine ernsthafte Auseinandersetzung zu schmerzhaft und vor allem zu verwirrend: Ich verstand einfach nicht, warum ich mich so unvernünftig verhielt. Das Irrationale meines Verhaltens beschämte mich, und es machte mir angst.

Allerdings begriff ich schließlich später während meiner Suche nach den Ursachen der Sucht, daß es nicht genügt, einfach nur anzunehmen, ein Leben ohne Tabak wäre besser. Raucher, die sich nicht bewußtmachen, was es für sie wirklich bedeutet, rauchen zu müssen, werden auch zögern, wenn es darum geht, eine konkrete Entscheidung zu treffen. Selbst wenn es ihnen gelingt, sich für einige Zeit von der Sucht zu lösen, sind sie stark von einer Rückkehr in die Sucht bedroht, denn im Grunde haben sie noch nicht erkannt, welchen Einfluß die Abhängigkeit auf ihr Leben hat.

Im Gegensatz zu den Romantisierungen des Tabakrauchens, die Produkte der – zum Teil unbewußten – Bemühung sind, das Suchtverhalten zu rechtfertigen, sieht die Realität eines Rauchers nicht sehr rosig aus. Dabei ist nebensächlich, ob jemand täglich oder nur bei bestimmten Gelegenheiten raucht. Eine permanente dumpfe Furcht vor schweren gesundheitlichen Schäden

Den Geist für die Wirklichkeit öffnen

gehört zu dieser Realität. Kein Raucher ist wirklich frei von dieser Angst.

Die Tatsache, daß Raucher trotz dieser beklemmenden Furcht rauchen, führt zu einem Zustand andauernder innerer Spaltung. Schwere Selbstvorwürfe, Minderwertigkeitsgefühle und Zukunftsängste sind die Folge eines vom Raucher selbst als verantwortungslos wahrgenommenen Verhaltens.

Zahlreiche Raucher spüren die schädlichen körperlichen Wirkungen ihres Konsums: Kurzatmigkeit bzw. Atemnot, Leistungseinschränkungen, Krankheitsgefühle und Husten gehören ebenso zur alltäglichen Wirklichkeit des Rauchers wie all die unappetitlichen Details (vermehrtes Schwitzen, schlecht riechender Atem, rauchige Wohnung, stets verqualmte Wäsche etc.), die sogar zu einer Isolation führen können. In der Tat haben viele Raucher Berührungsängste und scheuen den nahen Kontakt, weil sie befürchten müssen, daß der durch ihre Poren dringende typische Geruch von den Mitmenschen als unangenehm wahrgenommen wird.

Betrachtet man die alltäglichen Konsequenzen des Tabakrauchens in ihrer Summe – dazu müssen auch die Kopf- und Halsschmerzen, die beeinträchtigte Geschmacks- und Geruchswahrnehmung, die Konzentrationsschwierigkeiten, Depressionen, die allgemeine Schwächung des Immunsystems sowie der soziale Imageverlust und die nicht zu unterschätzenden finanziellen Kosten gerechnet werden, unter denen viele Raucher leiden –, wird deutlich, welche Beeinträchti-

Lektion 1

gungen ein Raucher auf sich nimmt und weshalb sich Raucher allgemein ganz zu Recht gegenüber Nichtrauchern im Nachteil fühlen.

Deshalb liegt die Frage nahe, welchen Nutzen sie eigentlich aus ihrem Konsum ziehen. In diesem Punkt herrscht unter Rauchern Uneinigkeit. Einige führen an, daß sie sich durch Rauchen entspannen. Andere behaupten das Gegenteil, nämlich, daß sie sich beim Rauchen einer Zigarette besser konzentrieren können. Neben diesen Aussagen existieren diverse weitere Erklärungen (Rauchen als soziales Ritual, Rauchen als Appetitzügler, Rauchen aus Geschmacksgründen etc.).

All diese Aussagen haben eines gemeinsam: Sie stellen nicht den wirklichen Grund des Rauchens dar. Wir begegnen hier einer weiteren mächtigen Täuschung, die dazu beiträgt, den Raucher in seinen selbstzerstörerischen Routinen zu fesseln. Falls Sie annehmen, Sie würden aus einem der genannten Gründe rauchen, so müssen Sie sich zunächst klarmachen, daß die von Ihnen wahrgenommenen Symptome (beispielsweise Entspannung oder Konzentration) durchaus real sind. Allerdings entspannt Sie das Rauchen nur deshalb, weil der Abbau des Nikotins in Ihrem Körper zuvor Streß ausgelöst hat, den Sie durch die Aufnahme von Nikotin vorübergehend lindern können. Genauso verhält es sich mit der Konzentrationsfähigkeit: Sie sind lediglich deshalb in der Lage, sich durch Rauchen besser zu konzentrieren, weil Sie zuvor einen Verlust Ihrer Konzentrationsfähigkeit erlitten haben, der durch den Mangel an

Den Geist für die Wirklichkeit öffnen

Nikotin in Ihrem Blutkreislauf ausgelöst wurde. Sobald Sie diesen Mangel durch Rauchen beseitigen, lindern Sie vorübergehend jene Nervosität, die Sie sowohl daran hindert, sich zu konzentrieren, als auch, zu entspannen.

Versuchen Sie also bitte, auch diese Fiktion zu durchschauen: Die in hundertfacher Wiederholung gespeicherte Erfahrung, daß das Rauchen einer Zigarette Ihren aktuellen Zustand verbessert, basiert auf der simplen Tatsache, daß dieser Zustand zuvor durch den Abbau des Nikotins in Ihrem Körper beeinträchtigt wurde. Der Abbau des Nikotins löst zunächst einen geringen physischen, dann einen stärkeren psychischen Streß aus. Da Sie diesen Vorgang normalerweise nicht analysieren, prägen sich Ihnen lediglich gewisse Verbindungen ein, wie z. B. STRESS – RAUCHEN – ENTSPANNUNG, das heißt, Sie werden konditioniert, eine Fiktion als Realität zu betrachten.

In den philosophischen Schulen des Buddhismus fragt man immer nach dem Gesamtprozeß. Durch genaue Untersuchung des Vorgangs in allen seinen Dimensionen ergeben sich Blickwinkel, die es erlauben, »weise« zu handeln. Allerdings setzt eine solche Untersuchung voraus, daß die Realität jenseits persönlicher Konstrukte betrachtet wird. Auch wenn Sie das Rauchen also mit der Erinnerung an positive Empfindungen betrachten, sollten Sie in der Lage sein, klar zu erkennen, weshalb diese Empfindungen eigentlich entstehen. Sie werden

Lektion 1

Ihren Geist für die Wirklichkeit des Tabakrauchens öffnen und feststellen, daß Sie dabei gravierende Beeinträchtigungen Ihrer Lebensqualität in Kauf nehmen und dennoch keinerlei Nutzen aus der Sache ziehen können.

Den Geist für die Wirklichkeit öffnen

Übungen

An dieser Stelle möchte ich einige generelle Bemerkungen zu den Techniken machen, auf die Sie beim Studium des vorliegenden Konzepts stoßen werden:

Jeweils am Ende des Kapitels werde ich Ihnen einige Übungen vorschlagen, die Sie darin unterstützen sollen, Ihre gedankliche Auseinandersetzung mit den behandelten Themen zu vertiefen. Bitte unterschätzen Sie den Wert dieser Übungen nicht. In vielen Schulen des Buddhismus stellt das systematische Nachdenken über Problemstellungen eine wichtige Methode innerhalb des Erkenntnisprozesses dar.

Es geht darum, meine Worte nicht einfach nur aufzunehmen, zu konsumieren, sondern um die persönliche geistige Auseinandersetzung. Vielen unter uns ist nicht bewußt, daß systematisches Denken die Anwendung spezieller, mentaler Techniken beinhaltet. Es ist wichtig, einer Methode des Denkens zu folgen, auf deren Basis wir eine Klärung des Sachverhaltes bewirken, ohne uns im Labyrinth durcheinanderwirbelnder Ideen zu verirren.

Es gibt verschiedene Möglichkeiten, sich einem Problem theoretisch zu nähern. Wichtig ist, daß Sie verstehen, wie stark der gedankliche Prozeß der Auseinandersetzung Ihre emotionale Wahrnehmung des Suchtproblems beeinflußt. Techniken, wie beispielsweise das schriftliche Anfertigen von Listen mit Argumenten und Gegenargumenten, zielen darauf ab, Sie zur Erarbeitung einer geistigen Einstellung zu führen, die notwendig ist, um Ihre Wahrnehmung und Ihr Verhalten positiv, also konfliktlösend, zu beeinflussen. Gelingt es Ihnen, sich über die Grundfragen des Konflikts Gewißheit zu verschaffen, dann werden Sie ein Gefühl des Machtzuwachses erleben.

Es ist nicht immer sinnvoll, alle Übungen durchzuführen. Entscheiden Sie entsprechend Ihrer Intuition. Als Faustregel kann gelten, daß Sie mindestens eine Übung pro Lektion durchführen sollten, bevor Sie weiterlesen.

* * *

Übung 1
Denken Sie über die Frage nach, was in Ihren Augen eine Sucht ausmacht. Listen Sie alle Merkmale auf, die Ihnen einfallen. Gibt es Anzeichen dafür, daß Ihr Tabakkonsum Suchtcharakter aufweist? Wenn ja, welche Anzeichen sind das?

Übung 2
Normalerweise lassen sich für die Dinge, die wir tun, Gründe finden. So werden Sie auch Gründe dafür haben, daß Sie rauchen. Listen Sie alle Gründe auf, die Ihnen einfallen. Gehen Sie dabei ganz entspannt vor.

Übung 3
Bringt das Rauchen für Sie Nachteile mit sich? Falls ja,

Den Geist für die Wirklichkeit öffnen

worin bestehen diese? Erstellen Sie eine Liste mit allen negativen Folgen des Rauchens, die Ihnen einfallen.

Übung 4
Stellen Sie sich ein Leben als Nichtraucher vor. Listen Sie alle Vor- und Nachteile im Vergleich zu Ihrer gegenwärtigen Situation auf.

Lektion II

Den Gegner durchschauen

Sun Tsu, ein chinesischer Kampfstratege des Altertums, beschreibt in *Die Kunst des Krieges,* wie essentiell es für das Gelingen einer Schlacht ist, sowohl sich selbst als auch den Gegner zu durchschauen. Meister Sun Tsu verstand seine Abhandlungen als Lehrtexte, die auf jede Art von Konflikt anwendbar sind, weil die darin enthaltenen Strategien auf einer ganzheitlichen Anschauung vom energetischen Wesen des Kampfes basieren.

Da ich Ihnen eingangs die buddhistische Metapher des Dämons als Gegner des Menschen vorstellte, liegt

Lektion 11

es nahe, Sun Tsus Strategien auch auf den Kampf gegen den Dämon Nikotin anzuwenden. Sie werden dabei einiges über die Möglichkeiten erfahren, das Leben auf buddhistische Weise als einen Weg des Lernens und der Selbstvervollkommnung zu begreifen.

Wir haben im vorigen Kapitel einen Blick auf die Wirklichkeit des Tabakrauchens geworfen, so wie sie sich im Alltag des Rauchers darstellt. Es ist klar geworden, daß ein Raucher im Laufe der Zeit einen immer stärkeren Verlust seiner Unabhängigkeit erleidet. Der Raucher verliert die Fähigkeit, frei über die Ausmaße seines Konsums zu entscheiden.

Richten wir den Blick nun, so wie Sun Tsu es empfiehlt, auf unseren Gegner, den Dämon Nikotin. Das Wirkungsprinzip des Nikotins innerhalb unseres Organismus ist ein wirklich erstaunliches Phänomen. Sobald Sie dieses Prinzip verstanden haben, werden Sie erkennen, wie der Suchtmechanismus funktioniert. Erst dieses Wissen versetzt Sie in die Lage, eine Strategie gegen den Dämon zu entwickeln; Sie können Unwissenheit nicht durch Willenskraft wettmachen. Solange Sie in diesem Kampf mit verbundenen Augen kämpfen, werden Sie schwer im Nachteil sein. Zu erkennen, wie der Gegner operiert, bedeutet im Sinne Sun Tsus jedoch, einen entscheidenden Vorteil zu erlangen.

Sobald Sie eine Zigarette entzünden, setzt der Verbrennungsprozeß das im Tabak enthaltene Nikotin frei. Gebunden an sehr kleine Teerteilchen, gelangt es beim Inhalieren über die Atemwege in die Lunge und von

dort in den Blutkreislauf. Ein Schutzmechanismus unseres Körpers, die sogenannte Blut-Hirn-Schranke, ist in der Lage, diverse im Blut transportierte Giftstoffe zu stoppen, bevor sie die Nervenzellen des Gehirns erreichen. Da Nikotin hinsichtlich des molekularen Aufbaus jedoch dem körpereigenen Botenstoff Acetylcholin ähnelt, kann dieser Schutzmechanismus nicht greifen. So kommt es schon wenige Sekunden später zum Andokken der Nikotinmoleküle an speziellen Nervenzellen des Gehirns, den sogenannten Acetylcholin-Rezeptoren.

Wir können folglich festhalten, daß sich der »Gegner« – wieder bildlich gesprochen – einer List bedient hat, nämlich der Täuschung unserer natürlichen Abwehr. Ich betone dies, weil mir wichtig erscheint, daß Sie den manipulativen Charakter erkennen, der den gesamten Suchtprozeß sowohl auf molekularer als auch auf psychischer Ebene prägt. Die Analyse des Tabakrauchens ist ein Lehrstück in methodischer Täuschung.

Das Ankern des Nikotins an den Acetylcholin-Rezeptoren führt zur Ausschüttung von verschiedensten chemischen Substanzen innerhalb des Gehirns, beispielsweise Dopamin, Serotonin, Noradrenalin und Endorphinen. Diese Neurotransmitter beeinflussen verschiedene funktionale Strukturen des Gehirns; entscheidend dabei ist ihr Einfluß auf das dopaminerge Belohnungssystem, den Nucleus accumbens, eine entwicklungsgeschichtlich bedeutsame Struktur. Dieses Nervengeflecht besitzt eine wichtige Aufgabe: Es verbindet die Ausführung existentieller Handlungen mit einem Lustgefühl, das durch die Ausschüttung von Dopamin verursacht wird.

Eine Strategie der Evolution besteht darin, die Ausführung von Handlungen zu belohnen, die sich positiv auf das Überleben von Individuum und Spezies auswirken. So lassen sich beispielsweise die Glücksgefühle erklären, die man beim Genuß von Süßigkeiten empfindet: Der Verzehr von bekömmlichen, vitaminreichen Früchten hat sich im Laufe von Jahrmillionen als wertvolle existentielle Handlung bewährt. Um den häufigen Verzehr von Früchten zu stimulieren, »belohnt« uns der Nucleus accumbens bei der Aufnahme von Fructose (Fruchtzucker) mit dem Ausstoß von Dopamin, was diese angenehmen Gefühle auslöst. Der in Süßigkeiten enthaltene Zucker (Glukose) hat die gleiche Wirkung. Wenn wir also Süßigkeiten genießen, beruhen unsere angenehmen Empfindungen im Grunde auf einer Fehlinterpretation unseres Organismus.

Die Ausschüttung von Dopamin ist hinsichtlich der psychischen Wirkung mit der Einnahme von Kokain, Amphetaminen oder anderen stimulierenden Drogen vergleichbar: Hochgefühle, verbesserte Konzentrations- und Leistungsfähigkeit sind die Folge. Nikotin steigert die Ausschüttung von Dopamin und bewirkt somit eine Kaskade von Glücksgefühlen.

Der stoffwechselbedingte Abbau des Nikotins im Blut führt zum Nachlassen der positiven Stimulation. Der Raucher sinkt sehr schnell auf ein Stimmungsniveau herab, das deutlich unterhalb seiner persönlichen

Normalverfassung liegt. Das Rauchen soll jetzt ein durch den Abbau des Nikotins hervorgerufenes Spannungsgefühl lindern. Dieses Spannungsgefühl äußert sich bei vielen Rauchern als Konzentrationsabnahme oder Nervosität. Raucher sind konditioniert, diesem Zustand eingeschränkten Wohlbefindens mit dem Anzünden einer weiteren Zigarette zu begegnen. Es ist offensichtlich, daß dieser Kreislauf eine destruktive Dynamik besitzt.

Es ist wichtig, zu verstehen, wie stark der gesamte Prozeß im Bereich des Unbewußten gründet. Rauchen ist eine Aktivität, eine Handlung. Diese Handlung löst in Ihrem Körper chemische Prozesse aus, die wiederum psychische Wirkungen haben. Sie müssen diese Verkettung durchschauen, um zu erkennen, daß die Erfahrung der entspannenden, wohltuenden Wirkung des Rauchens auf einer Täuschung beruht. Da Sie diese Erfahrung aber tausendfach unreflektiert wiederholt haben, können Sie sie unmöglich ignorieren. Sie ist ein Teil Ihres Unbewußten.

Sie sehen jetzt vielleicht, wieso es Millionen von Rauchern nicht möglich ist, ihre Sucht einfach abzulegen. Der Feind ist in das Unbewußte eingedrungen, einen Bereich also, den wir selbst nicht besonders gut kennen. Der Dämon hält sich dort auf, wo wir nicht hinschauen können, denn das Unbewußte ist uns, wie der Name verrät, nicht bewußt. Allerdings entwickeln sich die meisten unserer Verhaltensweisen aus eben diesem Areal unserer Persönlichkeit heraus, deshalb ist

Die wahre Form erfassen

das Vordringen des Dämons an diesen Ort so gefährlich.

Die verschiedenen Schulen des Buddhismus verwenden bildhafte Gleichnisse, um jene Strukturen der Psyche anzusprechen, die jenseits der Logik des Normalbewußtseins liegen, wo rationale Abstraktionen nicht funktionieren. Stellen Sie sich den Dämon vor, der Sie zum Sklaven der Sucht gemacht hat. Er wirkt aus der Dunkelheit heraus, aus dem unbewußten Teil Ihrer Psyche. Solange Sie nicht verstehen, wie er Sie gefangenhält, werden Sie unfrei bleiben. Packen Sie ihn! Ziehen Sie ihn ins Licht! Sie werden sehen, wie schwach er eigentlich ist.

Lektion 11

Übungen

Die folgenden Techniken sind als Achtsamkeitsübungen zu verstehen. Sie sollen Ihnen helfen, das eigene Verhalten genauer zu erfassen. Gehen Sie spielerisch an die Sache heran.

* * *

Übung 1
Wie fühlen Sie sich normalerweise, unmittelbar bevor Sie zur Zigarette greifen? Ähneln sich diese Empfindungen? Wie verändern sich Ihre Empfindungen, während Sie rauchen, und wie ist es danach? Beobachten Sie ganz entspannt, und listen Sie die Ergebnisse auf.

Übung 2
Gibt es in Ihrem Leben Ereignisse, die bei Ihnen regelmäßig den Wunsch auslösen, eine Zigarette zu rauchen? Falls ja, ähneln sich diese Ereignisse, oder sind sie ganz verschieden?

Lektion III

Die wahre Form erfassen

Nachdem wir in Lektion I gesehen hatten, wie bedrückend sich die Realität des Rauchers jenseits aller Beschönigungen ausnimmt, setzten wir uns in Lektion II mit der »Strategie des Nikotin-Dämons« auseinander. Dort machten wir uns klar, daß die gesamte Problematik der Sucht in einer effektvollen Täuschung unseres Denkens gründet. In diesem Kapitel geht es nun um die Frage, auf welcher Basis ein wirksamer Gegenschlag möglich ist, um den Dämon zu besiegen.

Wie ich bereits erwähnte, sind die Metaphern, die ich verwende, im Kontext der traditionellen Kampfkünste zu betrachten, die sich in engem Kontakt mit den spirituellen Schulen des Buddhismus und des Daoismus entwickelt haben. Die buddhistische Lehre kennt eine mythologische Gestalt, die man in den Kampfkünsten sehr verehrt. Diese Gestalt, genannt Manjushri, hält ein flammendes Schwert in der rechten Hand, mit dem sie die Stricke der Illusion, die den menschlichen Geist in Unwissenheit fesseln, durchschlägt.

In der Metapher dieses Schwerthiebes ist zu erkennen, wie der Buddhismus den Kampf gegen die Täuschungen des Geistes als zielgerichtete, dynamische Handlung auffaßt. So müssen wir uns auch bei der

Problematik des Rauchens darauf einstellen, die suchtbedingten Fiktionen und Täuschungen durch energisches Handeln zu überwinden. Die Fesseln der Illusion erlauben nicht, sich durch Hin- und Herwinden zu befreien. Sie müssen durchschlagen werden, so wie Alexander der Große den Gordischen Knoten löste, indem er ihn mit der Schwert zerschlug.

Allerdings darf nicht vergessen werden, daß Manjushri in seinem Kampf gegen die Täuschungen des Geistes neben dem Schwert noch eine andere Waffe mit sich führt. Auf den traditionellen Abbildungen des Manjushri ist stets eine Schriftrolle zu sehen, die als Symbol für die geistige Lehre des Buddhismus interpretiert werden kann. Erst das Studium der Weisheitslehren und die damit verbundene persönliche Auseinandersetzung mit den Grundfragen der menschlichen Existenz ermöglichen es, das Schwert des Manjushri mit Kraft und Sicherheit zu führen.

Wenn Sie sich jetzt besorgt fragen, ob Sie erst die Lehre des Buddhismus studieren müssen, um sich vom Rauchen zu befreien, so kann ich Sie beruhigen. Es geht mir lediglich darum, Ihre Aufmerksamkeit für einige grundlegende Aspekte der buddhistischen Philosophie zu gewinnen, die Ihnen helfen werden, Ihre Situation in einem neuen Licht zu sehen.

Nehmen wir uns ein Beispiel an Manjushri, so sehen wir, daß der Dämon, der uns in der Sucht gefangenhält, nur niedergestreckt werden kann, wenn wir wissen, wie wir das Schwert einsetzen müssen. Es genügt nicht, mit dem Rauchen aufhören zu wollen. Das versuchen Tausende von Rauchern jedes Jahr vergeblich. Es genügt nicht, die Zähne zusammenzubeißen und zu hoffen, daß das Verlangen nach der Zigarette von selbst verschwindet. Auch wenn es anfangs vielleicht nicht angenehm erscheint, sich dieser Tatsache zu stellen, müssen Sie verstehen, daß Sie dieses Problem nicht »en passant« lösen werden, indem Sie sich einfach drei Wochen lang »zusammenreißen«.

Der Schwerthieb des Manjushri ist tödlich für die Dämonen der Täuschung, denn er wird aus einer speziellen inneren Einstellung heraus geführt. Es geht hier also nicht lediglich um Wissen; Wissen und Weisheit sind nicht notwendigerweise identisch. Im Gegensatz zum Wissen hat Weisheit eine irrationale, gefühlsmäßige Komponente. Weisheit basiert auf einer Einstellung, und um diese Einstellung müssen Sie sich bemühen. Sie ist die Grundlage für den Sieg über die Sucht.

Deshalb möchte ich Sie zu einigen Überlegungen einladen, die sich mit der ganzheitlichen Grundeinstellung beschäftigen, wie sie in den verschiedenen Schulen des Buddhismus gelehrt wird. Es geht dabei nicht um eine erschöpfende Darstellung der buddhistischen Philosophie, sondern um die Beleuchtung der Lehre vor dem Hintergrund unseres konkreten Problems.

Der Buddhismus fordert uns in diversen Lehrtexten auf, gegenüber unseren Schwierigkeiten eine Position einzunehmen, die es gestattet, das Ganze zu betrachten. Es erscheint logisch, daß die Fixierung auf Einzelheiten unseres Problems kaum zu grundsätzlichen Lösungen führen wird, denn wir werden unter solchen Umständen kaum das Wesen des Konflikts erkennen, in dem wir uns befinden. Solange wir unter dem Eindruck unserer unmittelbaren Gefühle zu einer Lösung des Problems gelangen wollen, werden wir immer wieder Gefahr laufen, die Wirklichkeit mit unserer Wahrnehmung der Wirklichkeit zu verwechseln. Aus diesem Grunde empfiehlt es sich, einen Schritt zurückzutreten und die Situation so zu betrachten, wie man vielleicht ein Gemälde in einer Ausstellung anschaut: aus einer Distanz, die es ermöglicht, den Gesamteindruck zu erfassen.

Wenn wir voraussetzen, daß kein Mensch von vornherein durch eine Art Schicksalsmacht zum Leben als Sklave der Sucht verdammt ist, müssen wir folgern, daß es für jeden Raucher einen Weg gibt, die Sucht zu überwinden. Da viele Raucher bei ihren Bemühungen, endgültig mit dem Rauchen zu brechen, trotz Aufwendung größter Willenskräfte scheitern, scheint es sich hier um ein Problem zu handeln, das von den Menschen nicht wirklich verstanden wurde. Es liegt also ein Konflikt zwischen der Wirklichkeit und dem Geist des Menschen vor – eine Formulierung, die Ihnen helfen soll, zu verstehen, weshalb der Buddhismus einen Ausweg bietet:

Im Grunde beschäftigt sich die gesamte Philosophie des Buddhismus mit dem Konflikt, der zwischen der

Die wahre Form erfassen

Wirklichkeit und dem menschlichen Geist besteht. Wir Menschen sehen uns im Leben einer Realität ausgesetzt, die sich nicht an unseren Wünschen orientiert, sondern häufig unseren persönlichen Interessen zuwiderläuft. Egal, wohin wir uns wenden, überall lauern Schwierigkeiten, Hindernisse und sogar Gefahren. Es gibt keinen Ort, der uns vollkommenen Frieden schenken könnte, denn wir tragen den Keim für alle möglichen Probleme in uns. Diesen grundlegenden Konflikt kann man als eine Disharmonie zwischen Mensch und Universum beschreiben – solange wir davon ausgehen, daß die Welt unseren Vorstellungen gemäß beschaffen sein müsse, werden wir uns mit immer neuen Schwierigkeiten herumzuplagen haben.

Das Problem des Rauchens ist Ausdruck dieser Imbalance. Es ist weder ein Zeichen für Schwäche noch für Dummheit. Es ist ein Hinweis, ein Indiz dafür, daß Sie sich – egal, wie weit Sie in allen anderen Bereichen Ihres Lebens gekommen sind – in einem Konflikt mit der Wirklichkeit befinden. Dieser Konflikt zeigt nicht, daß etwas in der Welt falsch läuft. Er bedeutet ebensowenig, daß Sie sich Vorwürfe zu machen hätten. Er symbolisiert die Aufgabe, die jeder lösen muß: die Wiederherstellung des Gleichgewichts.

Sie fragen sich vielleicht, welche Schlüsse Sie nun daraus ziehen sollen und inwieweit Ihnen diese Überlegungen helfen. Wie ich bereits erwähnte, besteht die Aufgabe darin, eine Veränderung der Einstellung zu Ihrem Problem zu initiieren. Jetzt sehen Sie, daß ein wesentlicher Punkt dieses Prozesses ist, Ihre Schwierigkeiten als Möglichkeiten zu begreifen. Hier verbirgt sich die Chance, etwas zu lernen, das weit über den Radius des konkreten Problems hinausgeht. Es handelt sich bei Ihrer Sucht keineswegs lediglich um ein lästiges Ärgernis, etwas, das besser niemals aufgetaucht wäre, sondern um die Gelegenheit, auf dem Weg zur Verwirklichung der Balance voranzuschreiten, indem Sie sich – vielleicht zum erstenmal in Ihrem Leben – mit Ihrer persönlichen Art, die Welt zu sehen, auseinandersetzen.

Unter dem Begriff der »universellen Harmonie« bzw. des »universellen Gleichgewichts« versteht man die Bemühung um eine Lebensweise, in der Mensch und Universum vereint und nicht getrennt sind. Das klingt zunächst vielleicht esoterisch, aber im Grunde haben sich alle großen Philosophen und Denker der Menschheit seit Urzeiten mit diesem Problem beschäftigt. Sie können sich die gefühlsmäßige Wahrnehmung dieses Gleichgewichts als eine Grundstimmung vorstellen, die es dem Menschen ermöglicht, in besonders gelassener und heiterer Art auf die ständigen, mitunter durchaus problematischen Veränderungen des Lebens zu reagieren. Es ist ein unverwechselbares Gefühl, daß sich »die Dinge im Lot« befinden. Die Arbeit geht leicht und fließend von der Hand, man fühlt sich kraftvoll und beschwingt, eben eins mit der Welt. Jemand, der das Gleichgewicht, die Balance verwirklicht hat, dem strömen Inspiration und Freude auf ganz natürliche Weise zu.

Lektion III

Ich habe dieses Kapitel »Die wahre Form erfassen« genannt, um auf die Möglichkeit hinzuweisen, daß sich alles in der Welt darauf hin betrachten läßt, ob es uns im Streben nach der Balance eine Hilfe sein könnte. In dem von allen Buddhisten hochgeschätzten daoistischen Werk *Tao Te King* des chinesischen Philosophen Laotse wird beschrieben, wie das universelle Gleichgewicht vom Menschen gemeistert werden kann. Liest man es aufmerksam, so gewinnt man den Eindruck, daß in uns allen ein natürliches Empfinden für die notwendigen Schritte zur Realisierung des Gleichgewichts existiert. Wir haben ein Gespür für den Weg, der uns zur Harmonie führt. Allerdings ist dieses Gespür manchmal verschüttet.

Sowohl im Buddhismus als auch Daoismus beschäftigt man sich mit der Kultivierung jenes Empfindens, das uns den Weg zum Gleichgewicht weist. Betrachten Sie Ihr Leben, und fragen Sie sich, welche Faktoren auf die universelle Balance einwirken. Dies ist die Frage nach der »wahren Form«. Als ich vor langer Zeit an diesem Punkt angelangt war, begann ich zu verstehen, daß die wahre Form meines Nikotinproblems in der Möglichkeit lag, einen Schritt in einen neuen Abschnitt meines Lebens zu vollziehen. Es war ein Schritt oder besser gesagt ein Sprung in eine höhere Qualität, denn ich gewann nicht nur Freiheit von den Fesseln der Sucht, sondern ich vollzog diese Entwicklung in klarem Bewußtsein um die Lehren, die ich aus der Geschichte ziehen konnte.

Die wahre Form erfassen

Man könnte es ganz radikal formulieren: Wenn Sie sich nicht mit einem Problem wie der Nikotinsucht auseinanderzusetzen hätten, müßten Sie nach einer gleichwertigen Schwierigkeit suchen, um jene lehrreichen Erfahrungen zu machen, die sich nur aus dem Kampf mit einem Hindernis dieser Klasse ziehen lassen. Ich glaube, daß sich ein Raucher, der seine Nikotinsucht endgültig überwunden hat, in einer »besseren« Situation befindet als ein Nichtraucher, der niemals eine Zigarette probiert hat. Jeder Mensch ist für Täuschungen anfällig. Von den heutigen Nichtrauchern erliegen morgen wahrscheinlich etliche der Illusion, daß Rauchen doch eigentlich gar keine so schlechte Angelegenheit ist. Diejenigen aber, die sich aus der Sucht gelöst haben, werden sich vor einem solchen Fehlurteil hüten. Wenn Sie sich auf buddhistische Weise von Ihrer Sucht befreit haben, werden Sie außerdem eher in der Lage sein, das Grundsätzliche in jeder Art von Konflikt zu verstehen.

Nach der wahren Form der Dinge im eigenen Leben suchen heißt, in der zunächst unübersichtlichen Landschaft scheinbar zufälliger Ereignisse eine spezielle Ästhetik, eine sinnvolle Ordnung wahrzunehmen. Diese Ästhetik beruht auf der Präsenz verborgener Potentiale und ist nur aus der bereits erwähnten Distanz zu erspüren, denn sie erschließt sich erst durch die Beobachtung des Zusammenwirkens der einzelnen Begebenheiten.

Als ideales Gleichnis kann die Betrachtung eines

Lektion III

zenbuddhistischen Gartens gelten. Auf den ersten Blick erscheinen die traditionellen Elemente eines solchen Gartens zufällig plaziert. Konzentrieren wir uns lediglich auf Einzelheiten wie Steinlaternen, Kies- und Moosflächen, Trittsteinwege etc., so bleibt uns der un-

verwechselbare ästhetische Gesamteindruck verschlossen. Aus diesem Grunde ist man gut beraten, sich auf die Atmosphäre, den Charakter des Gartens einzulassen und nicht an Details zu haften.

In der gleichen Weise können Sie Ihr Leben betrachten. Im Laufe der Zeit und mit etwas Übung werden Sie feststellen, daß sich die Einzelheiten Ihres Lebens, gleich, wie chaotisch es Ihnen im Augenblick vielleicht erscheinen mag, zu einer Ordnung fügen. Diese Ordnung habe ich als wahre Form bezeichnet. Aus den Lehren des Buddhismus und des Daoismus ist zu entnehmen, daß die wahre Form der Dinge der Harmonie zustrebt.

Vor diesem Hintergrund sehen Sie jetzt, wie auch die wahre Form Ihres Suchtproblems dem Gleichgewicht zustrebt: Sie werden solange damit ringen, bis Sie die Balance verwirklicht haben. Es ist unmöglich, die Imbalance zu ignorieren. Falls Sie sie geistig ignorieren, wird Ihr Körper Sie daran erinnern. Es gibt keine lohnendere Möglichkeit im Leben, als der wahren Form der Dinge zu folgen. Sie entscheiden darüber, wann Sie sich der Herausforderung stellen.

Lektion III

Übungen

Übung 1
Notieren Sie Ihre Gedanken zur »wahren Form« Ihres Suchtproblems. Worin könnte der »Sinn« Ihrer Sucht bestehen? Welche Aspekte eines harmonischen Lebens haben Sie bisher vielleicht vernachlässigt, über die Sie sich nun Klarheit verschaffen sollten?

Übung 2
Stellen Sie sich vor, wie Ihre Freunde oder Bekannten Ihre Sucht wohl deuten. Dabei ist gleichgültig, ob Sie diese »Deutungen« als richtig oder falsch ansehen. Glauben Ihre Freunde beispielsweise, daß Sie durch das Rauchen Ihr ungewöhnlich streßreiches Leben besser bewältigen wollen? Was sagen Ihnen solche Vermutungen aus dem Kreis nahestehender Menschen?

Lektion IV

Den Gegner würdigen

Wenn Sie die bisherigen drei Lektionen aufmerksam studiert haben, werden Sie bemerken, daß Sie bereits jetzt beginnen, Ihre Sucht aus einer veränderten Perspektive zu betrachten. Im letzten Kapitel wies ich auf die Notwendigkeit hin, den Kampf gegen das Rauchen als eine Maßnahme zu verstehen, deren Bedeutung die Befreiung aus der Gefangenschaft der Sucht übersteigt: Ich bat Sie, nach der wahren Form zu suchen, die sich in Ihren Schwierigkeiten mit dem Rauchen verbirgt.

In diesem Kapitel geht es um die Frage, welchen Gewinn Sie aus Ihrem Kampf gegen den Nikotin-Dämon ziehen können. Aus buddhistischer Sicht stellt dieser Gewinn die eigentliche Bedeutung Ihrer Sucht dar. Menschen, die sich in ihrem Leben von einer Schwierigkeit zur nächsten durchkämpfen und dabei nicht sehen, wie diese Konflikte zusammenhängen, das heißt, wie die Lösung eines Problems die Lösung des nächsten Problems vorbereiten kann, sehen sich in der Tat den Härten eines ungerechten, sinnlosen Universums ausgesetzt.

Sie sollten versuchen – auch wenn Sie es zunächst als bloßes Gedankenspiel betreiben –, in der Tatsache Ihrer Sucht eine Übung zu sehen. Meistern Sie diese Übung, dann werden Sie einen Sprung in eine neue Qualität des Lebens machen. Diejenigen, denen das Gespür für eine solche Sicht der Dinge noch fehlt, werden sich weiterhin mit Übungen dieser Art auseinanderzusetzen haben, bis auch sie beginnen, bewußt oder unbewußt, Erfahrungen aus dem Umgang mit Konflikten aufeinander zu beziehen.

Selbstverständlich erwarten uns auch nach vollzogenem »Qualitätssprung« Herausforderungen. Das Lernen hört niemals wirklich auf. Allerdings besteht der entscheidende Unterschied in der Frage, ob Sie an diesen Herausforderungen verzweifeln oder ob Sie sie in heiterer Gelassenheit akzeptieren. Ich kann Ihnen versichern, daß sich mein Leben durch den Sieg über den Dämon dramatisch zum Besseren gewendet hat. Dieses »Bessere« besteht nicht nur in der Tatsache, daß ich nun gesünder lebe und mich vitaler fühle. Es ist vielmehr das stimulierende Empfinden, eine seelische Spaltung überwunden, einen inneren Krieg beendet zu haben.

Wenn wir hier über den Gewinn sprechen, den Sie aus der Überwindung der Sucht ziehen werden, so sollten Sie zunächst bedenken, mit welchem Gegner Sie es zu tun haben. So kurios es klingen mag, alles steht und fällt mit der Frage, ob Sie diesem Opponenten Respekt entgegenbringen oder nicht. Nur wenn Sie lernen, ihn als einen würdigen Gegner zu betrachten, werden Sie überhaupt in der Lage sein, ihn zu besiegen und daraus wirklichen Nutzen zu ziehen.

Falls Sie sehr rational veranlagt sind, werden Sie jetzt

Den Gegner würdigen

vielleicht aufbegehren und sich fragen, worin der Sinn bestehen könnte, etwas so Unpersönliches wie Nikotin zu einem Gegner zu stilisieren und darüber hinaus mit einem Attribut wie »würdig« auszustatten. Sie haben völlig recht, es ist ungewöhnlich. Allerdings leistet diese ungewöhnliche Methode etwas, das Sie auf herkömmlichem Wege niemals erreichen würden: Indem Sie geistig ein archaisches Bild kreieren, sprechen Sie die unbewußten Areale Ihrer Psyche viel wirksamer an, als dies mit konventionellen Abstraktionen – wie beispielsweise einem fachwissenschaftlichen Text – möglich wäre. Die Psychologie befaßt sich mit den Ursachen dieses Phänomens, und einige Experten vermuten, es sei in der Tatsache begründet, daß das Bild in der Anthropogenese eine ungleich längere Geschichte besitzt als das Wort.

Ein weiterer, unschätzbarer Vorzug dieser Methode

Lektion IV

liegt in der Möglichkeit, die auf diesem Wege gemachten Erfahrungen auf jede erdenkliche Art von Konflikt anzuwenden. Sie sehen jetzt, wie sich der erwähnte Qualitätssprung erklärt: Indem Sie lernen, die Komplexität der aktuellen Situation auf die für ihre Bewältigung wesentlichen Merkmale zu reduzieren, eignen Sie sich die überaus wichtige Fähigkeit an, in jeder Form von Konflikt das Grundsätzliche zu erkennen. Selbstverständlich verlangt jedes Problem einen individuellen Lösungsweg, aber Sie haben mit Sicherheit bemerkt, daß gewisse Grundmuster existieren, auf deren Basis man leichter zum Ziel kommt.

Wenn Sie lernen, den Nikotin-Dämon als einen würdigen Gegner zu betrachten, werden Sie nicht den Fehler machen, ihn zu unterschätzen. Gerade darin liegt nämlich ein wesentlicher Aspekt seiner Macht. Prägen Sie sich ein, daß Sie sich niemals gestatten dürfen, anders über diesen Dämon zu denken als über einen extrem gefährlichen Gegner. Sobald Sie beginnen, ihn als harmlos zu betrachten, begeben Sie sich in Gefahr. Auch nachdem Sie ihm in Ihrem Körper und in Ihrem Geist den Todesstoß versetzt haben, sollten Sie diese Sicht beibehalten.

Die Illusion der Harmlosigkeit ist deshalb so verheerend, weil sie die Menschen zur Auffassung verleitet, eine einzige Zigarette könne nicht schaden. Man kann die Auswirkungen dieses Fehlurteils häufig bei Rauchern beobachten, die sich einige Tage »zusammengerissen« haben, weil sie sich von der Sucht befreien

Den Gegner würdigen

möchten, und nun glauben, das Rauchen einer »Belohnungszigarette« würde sie nicht von ihrem grundsätzlichen Vorhaben abbringen. Wie Sie vielleicht selbst schon erfahren haben, bleibt es nie bei dieser einen Zigarette.

Wir kommen später auf diesen Punkt zurück. Im Augenblick genügt es, festzustellen, daß der Kampf mit einem würdigen Gegner von Ihnen verlangt, Ihren Opponenten vor allem in seiner Gefährlichkeit ernst zu nehmen. Auch wenn Sie in anderen Bereichen Ihres Lebens eine eher versöhnliche Natur sind, so müssen Sie im Kampf mit diesem Gegner jeden Gedanken an eine freundschaftliche Lösung des Konflikts fallenlassen.

Die Vorstellung eines würdigen Gegners basiert jedoch nicht nur auf dem Gefühl für die Gefahr, die von ihm ausgeht. Sie sollten ihn als würdigen Gegner betrachten, weil er bereit ist, Ihnen einen Kampf zu liefern, der Sie fordern, aber nicht überwältigen wird. Sehen Sie in ihm von Beginn an nichts anders als einen Gegner, den Sie besiegen werden. Erlauben Sie sich nicht, den anstehenden Kampf anders zu verstehen denn als einen Durchbruch in die Freiheit. Im Laufe dieses Kampfes für Ihre Freiheit können Sie sich Qualitäten aneignen, um die man Sie in Ihrem Freundeskreis beneiden wird.

Sobald Sie in der Lage sind, den Nikotin-Dämon als gegnerische Kraft zu respektieren, haben Sie bereits etwas sehr Wertvolles erreicht. Sie stellen sich nun ohne Ausflüchte Ihrer Sucht. Die Versuche, das Problem zu überspielen oder zu verdrängen, gehören der Vergangenheit an. Damit haben Sie eine Hürde genommen, an der viele Raucher scheitern, einfach, weil sie sich ein Leben lang einzureden versuchen, daß doch alles gar nicht so schlimm sei und man mit den Konsequenzen der Sucht schon irgendwie klarkommen werde.

Um eine Schwierigkeit wie die Nikotinsucht zu meistern, muß man sie annehmen. Einsicht in die Wirklichkeit der aktuellen Situation, in die konkrete Tatsache, daß Sie einer Gefahr gegenüberstehen, mobilisiert ungeahnte Kräfte. Wie Sie bereits jetzt sehen, erfordert diese Situation, daß Sie die Verantwortung für Ihr Handeln übernehmen. In dieser Frage sind Sie ganz persönlich gefordert. Es gibt Raucher, die den Wunsch verspüren, ihre Verantwortung für die Überwindung der Sucht an einen Therapeuten oder ein therapeutisches Präparat abzugeben. Hüten Sie sich vor diesem Irrtum.

Der Nikotin-Dämon lehrt Sie, Ihre Kräfte im Angesicht einer Bedrohung zu bündeln. Sie werden erfahren, welche Rolle das Gefühl der Angst in diesem Konflikt spielt und wie Sie die Angst überwinden können. Von diesem Zeitpunkt an werden Sie sich sehr viel gelassener durch die Welt bewegen, denn Sie spüren, wie sich die neugewonnenen Erkenntnisse auf alle möglichen Bereiche Ihres Lebens anwenden lassen.

Ihr Gegner in diesem Kampf ist zugleich Ihr Lehrer. Er schult Sie darin, die Welt aufmerksam zu betrachten, um zu sehen, was dem Unaufmerksamen verborgen bleibt. Er zeigt Ihnen, wie Sie Ihre Einstellung, Ihre

Den Gegner würdigen

mentale Ausrichtung verändern können, um ein erfülltes Leben zu führen. Er lehrt Sie Klarheit, Flexibilität, Selbstvertrauen, Mut und Beständigkeit. Warum also sollten Sie ihm daher nicht mit Respekt begegnen?

Vielleicht erkennen Sie jetzt die Besonderheit der buddhistischen Vorstellung vom Wesen des Kampfes. Wir leben in diesem Universum mit der Herausforderung, die sich aus der Wirkung verschiedener, teilweise entgegengesetzter Kräfte ergibt: Wir leben in einer Welt der Konflikte, einer Welt des Kampfes. Durch die Lehre des Buddhismus sind wir jedoch in der Lage, diesen Kampf in einer Weise zu transformieren, die es uns ermöglicht, auf die Anwendung von Gewalt zu verzichten.

Wenn Sie auf buddhistische Weise gegen die Sucht kämpfen, müssen Sie nicht gewaltsam gegen sich selbst vorgehen, Sie müssen sich nicht zur Disziplin zwingen, weder Ihren Geist noch Ihren Körper gefügig machen. Der Weg beginnt damit, schrittweise zu lernen, die Wirklichkeit so zu sehen, wie sie ist, und eine Einstellung zu entwickeln, die sich an der wahren Form der Dinge orientiert.

Diese ersten Schritte haben Sie gemacht. Nun sind Sie bereit, sich den schwierigeren Aspekten Ihres Problems zu stellen.

Lektion IV

Übungen

Übung 1
Sind Sie in der Lage, im Kampf gegen einen würdigen Gegner ein positives Symbol für die Stärkung Ihrer Persönlichkeit zu sehen? Machen Sie sich die Antwort bitte nicht zu leicht. Schreiben Sie Ihre Gedanken zur Bedeutung eines solchen Kampfes nieder.

Übung 2
Welchen Einfluß auf den Wert des Konfliktes hat in Ihren Augen die Frage, ob Sie gegen einen respektablen oder einen verachtungswürdigen Gegner kämpfen?

Übung 3
Wie stellen Sie sich den Nikotin-Dämon als Gegner vor? Über welche Attribute und Charakteristika könnte er verfügen? Beschreiben oder zeichnen Sie ihn.

Lektion v

Die Angst überwinden

Angst ist ein wesentliches Merkmal jeder Sucht. Sie ist auch ein Merkmal des Raucherlebens. Die meisten Raucher kennen das Unbehagen beim Anblick der letzten Zigarette einer Packung, wenn sie noch nicht für Nachschub gesorgt haben. Wird die Möglichkeit zu rauchen längere Zeit eingeschränkt oder gilt sogar ein striktes Rauchverbot, wie beispielsweise in öffentlichen Verkehrsmitteln, am Arbeitsplatz, bei Flugreisen oder im Theater, dann haben viele Raucher damit Probleme. Es kommt dabei nicht zum offenen Ausbruch der Angst, weil der Raucher weiß, daß die Dauer seines Verzichts begrenzt ist. Die Vorstellung jedoch, das Rauchen *für immer* zu unterlassen, löst bei jedem Raucher Streß und Ängste aus. Diese Ängste können ganz verschiedene Ursachen haben.

Einerseits nimmt ein Raucher gewöhnlich an, daß in einem Leben ohne Tabak etwas Wichtiges fehlen müsse. Dabei ist irrelevant, was genau er unter diesem wichtigen »Etwas« versteht. Er vermutet im Leben ohne Tabak eine Art Leere, vielleicht den Verlust einer helfenden Stütze. In jedem Fall geht er vom Erleiden eines Mangels aus, wenn er gedanklich ein zigarettenfreies Leben ins Auge faßt.

Lektion v

Weiterhin hat die allgemeine Beobachtung der Suchtproblematik zur verbreiteten Auffassung geführt, daß jeder Raucher, der aufhören will, wochenlange, schwere Entzugserscheinungen ertragen muß. Diese Sicht wurde im Laufe der letzten Jahre von allen möglichen Seiten, beispielsweise auch von Ärzten, so oft wiederholt, daß man sie mittlerweile als quasi kollektive Fiktion bezeichnen könnte. Selbstverständlich haben also Raucher mit Ängsten zu kämpfen, wenn man ihnen permanent die schlimmsten Leidensszenarios einredet.

Damit verbindet sich ein dritter Angstfaktor: die Furcht vor dem Versagen. Diese Angst vor dem Rückfall hält wirklich viele Raucher davon ab, gegen die Sucht zu kämpfen. Besonders betroffen sind Menschen, die bereits mehrere Versuche resigniert aufgegeben haben, denn sie befürchten mit jedem weiteren Scheitern einen erneuten Schlag gegen ihre Selbstachtung.

Bevor ich Ihnen helfen will, diese Ängste zu überwinden, möchte ich Sie darauf hinweisen, wie wichtig es ist, sich das Vorhandensein von Ängsten einzugestehen. Sie erweisen sich einen Bärendienst, wenn Sie am Glauben festhalten wollen, über jede der genannten Ängste erhaben zu sein. Träfe dies nämlich zu, dann würden Sie aller Wahrscheinlichkeit nach bereits jetzt nicht mehr rauchen.

Ich habe mich immer als einen mutigen Menschen gesehen. Doch die genaue Beobachtung meines Tabakproblems zeigte mir, daß ich davor zurückschreckte, den richtigen Weg zu gehen, also die Sucht zu bekämpfen, weil mich die Konsequenzen entmutigten. Ich verlor den Mut, wenn ich mir vorstellte, daß ich auf meine geliebten Kippen verzichten und dabei unerträgliche Entzugsymptome aushalten müßte, um am Ende wahrscheinlich deprimiert aufzugeben.

Diese Ängste sind die Nahrung des Dämons. Ein Mensch, der seine Energien verausgabt, um mit Ängsten klarzukommen, kann leicht kontrolliert werden. Der Dämon lebt davon, die Ängste des Rauchers wachzuhalten und zu verstärken. Sie garantieren, daß der Raucher jeden Gedanken an den Kampf gegen die Sucht von vornherein fallenläßt. Je mehr Furcht der Dämon in Ihnen erzeugt, desto leichter fällt es ihm, Sie in Ketten zu halten.

Das bedeutet jedoch umgekehrt auch, daß Sie Ihre Position stärken und Ihre Aussicht auf Freiheit verbessern können, indem Sie etwas gegen die Angst tun. Bitte machen Sie sich klar, daß ein großer Teil Ihrer Ansichten über das Rauchen auf Einschüchterung beruht. Wie frei und stark fühlt sich ein junger Mensch, wenn er mit einer Zigarette im Mundwinkel durch die Straßen seiner Stadt zieht! Und wie erschüttert ist er, wenn er zum erstenmal in seinem Leben wirklich begreift, daß er am Tabak festhängt, daß er nicht mehr loslassen kann – wenn er begreift, daß er die Kontrolle und seine Freiheit verloren hat.

Nun gibt es Ängste, die auf einer rationalen Basis beruhen. Falls Sie beispielsweise eines Tages im Zoo un-

Lektion V

glücklicherweise in das Eisbärgehege stürzen, dann befinden Sie sich in einer Lage, die erheblichen Anlaß zu extremen Ängsten bietet. Im Gegensatz dazu beruhen die Ängste eines Rauchers auf gedanklicher Fiktion.

Das heißt nicht, daß diese Ängste weniger wirkungsvoll wären. Aber es bedeutet, daß sie entkräftet werden können. Die Entkräftung der Ängste, die einen Raucher so schwer plagen, ist möglich, weil sie auf Falschannahmen beruhen. Diese Falschannahmen müssen Sie durchschauen, bevor sich Ihre Befürchtungen verflüchtigen.

Die Angst vor der Leere ist etwas, das den Raucher, der aufhören will, stark beschäftigt. Womit wird er sich belohnen, motivieren, stimulieren, entspannen oder trösten, wenn er keine Zigaretten mehr zur Verfügung hat? Diese Frage übersieht einige wesentliche Fakten: Kein Nichtraucher vermißt in seinem Leben Nikotin als Stimulanz, Motivator oder was auch immer. Das deutet darauf hin, daß Nikotin all diese Eigenschaften nicht besitzt. Sie sind bloße Fiktion und kommen zustande, weil die Sucht den Raucher zunächst aus der inneren Balance bringt, um ihm dann über das Nikotin eine kurze Rückkehr zur Balance zu gewähren.

Genaugenommen erreicht ein Raucher selbst durch die Aufnahme von Nikotin nicht mehr jenen Zustand von Konzentration oder auch Entspannung, der für einen Nichtraucher ganz natürlich ist. Es ist eher wie die kurze Erinnerung an Momente, in denen das Blut noch nicht durch ein Nervengift verseucht war. Das zeigt,

Die Angst überwinden

wie wichtig es ist, die vermeintlich positiven Wirkungen des Rauchens als eine Täuschung zu durchschauen.

Da es Täuschungen sind, können Sie sie überwinden, indem Sie einen Blick auf die Wirklichkeit werfen: Schauen Sie sich das Leben von Nichtrauchern an. Genau wie diese Menschen müssen auch Sie nicht rau-

chen, um das Leben zu genießen. Im Gegenteil, wenn Sie aufhören zu rauchen, werden Sie beginnen, das Leben auf eine Weise zu genießen, die Ihnen jetzt unmöglich erscheint: frei, ungezwungen, selbstbestimmt, souverän.

Die Angst vor den Härten des Entzugs ist ebenfalls Resultat einer Täuschung. Zunächst einmal müssen Sie sich klarmachen, daß die körperlichen Entzugserscheinungen zwar durchaus wahrnehmbar, aber wirklich sehr gering sind. Ich kenne keinen Raucher, der von körperlichen Schmerzen in den Tagen nach der letzten

Zigarette berichtet hätte. Falls Sie selbst schon einmal versucht haben, längere Zeit nicht zu rauchen, dann erinnern Sie sich bitte an diese Phase. Ich glaube Ihnen, wenn Sie sagen, daß diese Zeit für Sie schlimm war, aber ich denke nicht, daß Sie Schmerzen litten.

Wenn also keine körperlichen Schmerzen auftreten, stellt sich die Frage, weshalb Raucher das Aufhören oft als so peinigend empfinden. Weshalb leiden sie? Sie leiden aufgrund ihrer geistigen Einstellung. Das mag sich merkwürdig anhören, ist aber eine Tatsache, die sich dadurch belegen läßt, daß Raucher, die ihre Einstellung ändern, die Sucht beenden können, ohne zu leiden. Ich habe das selbst erfahren, und Menschen, die zu diesem Zeitpunkt in meiner Nähe waren, können es bezeugen.

Die körperlichen Wirkungen des stoffwechselbedingten Nikotinabbaus sind minimal. Es fühlt sich wie ein leichtes Spannungsgefühl, eine Art Unruhe an. Dieses Gefühl des Vibrierens ist eigentlich gar nicht unangenehm, aber es kann stören, wenn man nicht darauf vorbereitet ist. Wenn man allerdings in angstvoller Erwartung schwerster Entzugssymptome innerlich auf jedes Zeichen des Körpers anspringt, kann sich die Situation so stark aufschaukeln, daß im Endeffekt ein wirklicher Leidensdruck entsteht.

Es ist bestimmt nicht ganz einfach, in dieser Situation ruhig zu bleiben, zumal ein Raucher gewohnt ist, Schwierigkeiten mit dem Anzünden einer Zigarette zu parieren. Sie müssen sich diesen Vorgang als eine Reihe kleiner Erschütterungen vorstellen, die während der ersten drei bis vier Tage an Ihnen rütteln werden. Stemmen Sie sich nicht dagegen, lassen Sie locker. Die Erschütterungen lassen bald nach. Versuchen Sie nicht, dieses leichte Vibrieren wegzudeuten. Sie müssen es nicht bekämpfen. Akzeptieren Sie es, dann verliert es sehr schnell an Intensität. In Kapitel VII werde ich diese Situation genau beschreiben und Ihnen weitere Instruktionen geben, wie Sie mit solchen Symptomen umgehen können. Orientieren Sie sich daran, dann werden Sie diese Phase mit Leichtigkeit meistern und mir zustimmen, daß die vermeintliche Härte und Schwere des Entzugs eine Fiktion ist, vor der man keine Angst zu haben braucht.

Die Furcht vor dem sogenannten Rückfall gründet in der irrigen Annahme, ein Fehlschlag des Bemühens würde den Raucher in die Situation vor dem Versuch, mit dem Rauchen aufzuhören, zurückfallen lassen. Sicher, äußerlich mag es in einem solchen Fall so aussehen, als hätte sich nichts geändert. Wir wissen aber bereits, daß die Sucht ein primär geistiges Phänomen ist. Der Geist lernt aus jedem Handeln, besonders, wenn es zielgerichtet ist, und auch dann, wenn es, was die Zielsetzung betrifft, fehlschlägt. Würden Sie dieses lange Konzept studieren, wenn Sie nicht bereits irgendwann vergeblich versucht hätten, mit dem Rauchen aufzuhören? Wahrscheinlich nicht. Sie mußten einfach erst bestimmte Erfahrungen machen, um zu verstehen, daß Sie einen neuen Ansatz brauchen, um das Problem zu lösen. In diesem Sinne haben die erfolglosen Versuche dazu beigetragen, Ihre Einstellung zu dem Problem zu verändern.

Das ist der Lauf der Dinge. Es ist weder den Menschen noch irgendeinem anderen Lebewesen gegeben, Probleme auf vollkommene Weise zu handhaben. Jedes Lebewesen mit hohem Bewußtsein macht Fehler, irrt, erleidet Niederlagen. Der Buddhismus lehrt uns, diese Phänomene als einen wesentlichen Teil unserer Natur anzusehen. Wir sind überhaupt nur deshalb in der Lage, von einem fehlerhaften Verhalten oder Denken zu sprechen, weil wir die Fähigkeit des Lernens besitzen.

Ein instinktgesteuertes Individuum, wie beispielsweise ein Käfer, macht eigentlich keine selbstverantworteten Fehler. Ein Käfer lernt nicht. Das Wissen über Richtig und Falsch wird in der Erbmasse seiner Gene transportiert. Wenn ein Käfer also in eine Falle tappt, dann hat im Grunde nicht er, sondern seine Spezies einen Fehler gemacht.

Wir Menschen hingegen machen Fehler, die wir meistens auch erkennen können. Das bringt uns weiter, wenn wir Geduld haben. In diesem Sinne hat Sie Ihre Geduld an den aktuellen Punkt geführt. Obwohl Sie rauchen, stehen die Chancen sehr gut, daß Sie die Sucht überwinden werden. Ein »Rückfall« ist unmöglich, denn Sie machen bereits jetzt Erfahrungen, die Sie in Ihrer Auseinandersetzung voranbringen.

Der Angst vor dem Scheitern können Sie die Gewißheit entgegensetzen, daß es in jedem Falle günstiger ist, ein Problem in Angriff zu nehmen, auch wenn man dabei nicht zwangsläufig Erfolg haben wird, als so lange zu warten, bis einen dieses Problem ins Grab befördert.

Wir haben nun also drei verschiedene Ängste besprochen, die sich dem Raucher häufig in den Weg stellen, wenn er die Sucht überwinden will. Selbstverständlich werden diese Ängste nicht sofort verschwinden. Sie müssen die Zusammenhänge selbständig in Ruhe durchdenken. Sobald Sie sich eine Weile mit ihnen beschäftigt haben, werden Sie bemerken, wie der Dämon schwächer wird.

Ich habe erwähnt, daß sich der Dämon von Ihrer unbegründeten Angst ernährt. Ihre Befürchtungen sind die Quelle einer Kraft, die Sie gefangenhält. Sie dürften nun sehen, wie sich dieses Muster durch alle Bereiche menschlichen Lebens zieht: Irrationale Ängste treiben Menschen dort in die Defensive, wo sie für eine bessere Lebensqualität einstehen sollten.

Genau so, wie wir in diesem Kapitel vorgegangen sind, kann man generell verfahren: Der erste Schritt besteht immer darin, die eigenen Ängste wahrzunehmen und zunächst anzuerkennen. Niemand wird mutiger, indem er sich einredet, er hätte keine Angst. Anschließend geht es darum, herauszufinden, was die Auslöser und die Ursachen der Ängste sind. Machen Sie es sich zur Angewohnheit, die Gründe für Ihre Ängste zu prüfen. Sehr oft werden Sie feststellen, wie wenig Substanz Ihre Befürchtungen haben, wenn man sie bei Tageslicht betrachtet.

Lektion V

Kommen wir nun zu der Frage, was zu tun ist, wenn sich eine Befürchtung trotz geistiger Widerlegung nicht entkräften läßt. Wie geht man vor, wenn es keinerlei logische Anhaltspunkte für eine begründete Hoffnung gibt? Wie reagiert man, wenn sich trotz bester Bemühung und Vorbereitung drohend der dunkle Schatten der Furcht erhebt?

In solchen Fällen gibt es eine wichtige Regel: Entspannen Sie sich. Gerade in Momenten der Angst ist es eine wertvolle Hilfe, sich daran zu erinnern, daß Körper und Psyche eng miteinander verbunden sind. Sie entlasten Ihre psychische Situation, wenn Sie dem Körper die Möglichkeit geben, locker zu lassen.

Obwohl Sie in den Tagen nach Ihrer letzten Zigarette wahrscheinlich nicht in die Situation einer Angstattacke geraten werden, weil Sie sich auf diesen Schritt in die Freiheit gründlich vorbereiten, ist es sinnvoll, schon jetzt einige Entspannungstechniken zu üben. Das Wissen um Ihre Fähigkeit, den Körper bewußt entspannen zu können, wird sich positiv auf Ihre Verfassung auswirken und ist somit ein wertvoller Bestandteil Ihrer Vorbereitung. Sie finden die Instruktionen für die Entspannungstechniken im Übungsteil dieser Lektion.

Die Wirksamkeit von Entspannungstechniken in Angstsituationen wird von verschiedenen antiken und modernen Autoren unterschiedlich begründet. Vielleicht ist es in dieser Frage hilfreich, sich zu vergegenwärtigen, daß ein permanenter Strom von Signalen zwischen Körper und Psyche für den Austausch von Informationen sorgt. Körper und Psyche beeinflussen sich gegenseitig sehr stark.

Wird Ihr Geist durch eine angstvolle Vorstellung beunruhigt, so hat das augenblicklich Konsequenzen im physischen Bereich. Ihr Körper geht auf Alarmposition, die Atmung beschleunigt sich, und der Spannungsgrad

der Muskulatur steigt an. Diese Reaktion ist Teil unseres animalischen Erbes. Ihr Körper bereitet sich auf Flucht oder Angriff vor. Die Signale des verkrampften Körpers, die nun von der Psyche empfangen und dort quasi als Situationsbericht interpretiert werden, verstärken die geistige Beunruhigung.

Umgekehrt können Sie jedoch durch Anwendung von Entspannungstechniken die Atmung normalisieren und den Muskeltonus verringern. Der Körper kehrt in einen Zustand zurück, der keine Merkmale einer Kampf- oder Fluchtsituation mehr zeigt. Die Signale

Lektion V

des Körpers an die Psyche sind nun so ausgeglichen, daß eine Verstärkung der psychischen Beunruhigung ausbleibt. Im Gegenteil: der Situationsbericht, den Ihr Körper an die Psyche sendet, sagt aus, daß kein Anlaß zur Sorge besteht, also reduziert sich auch Ihre Angst.

Diese vereinfachte Darstellung erhebt keinen Anspruch auf wissenschaftliche Exaktheit. Es geht mir lediglich darum, Ihnen eine sinnvolle Annäherung an das Phänomen der Angstbewältigung durch Entspannungstechniken zu ermöglichen.

Wir haben nun einige Fragen untersucht, die sich mit dem Auftauchen und der Bewältigung von Ängsten beschäftigen. Dieser Diskurs stellt, wie Sie bereits wissen, eine Anregung zur persönlichen Beschäftigung mit Ihren Ängsten im Zusammenhang mit der Sucht dar. Überstürzen Sie nichts. Lassen Sie sich Zeit, um sich Klarheit über Ihre individuelle Situation zu verschaffen. Denken Sie nach, sprechen Sie mit Freunden. Je klarer Sie sich selbst in dieser Sache sehen, desto wahrscheinlicher ist es, daß Sie die Sucht überwinden werden.

Die Angst überwinden

Übungen

Im Übungsteil dieses Kapitels möchte ich Ihnen zwei Entspannungstechniken vorstellen, die leicht zu erlernen und sehr effektiv anzuwenden sind. Experimentieren Sie ruhig eine Weile, um herauszufinden, welches Prinzip Ihnen am meisten zusagt. Sie können die Übungen natürlich variieren und Ihren Vorstellungen anpassen. Wichtig ist, daß Sie lernen, den gewünschten Effekt – also die psychophysische Entspannung – auszulösen.

* * *

Übung 1
Legen Sie sich in Rückenlage auf eine bequeme Unterlage. Es sollten angenehme Bedingungen herrschen, das heißt, die Unterlage darf weder zu weich noch zu hart sein. Sie sollten auch für eine geeignete Raumtemperatur sorgen.

Schließen Sie die Augen, und beginnen Sie damit, sich geistig von oben nach unten durch Ihren Körper zu bewegen. Starten Sie mit dem gedanklichen Satz: »Meine Augenlider sind entspannt.« Dabei sollten Sie Ihre Augenlider fühlen. Warten Sie noch einen Moment, und wiederholen Sie: »Meine Augenlider sind entspannt.« Dann gehen Sie weiter, zur Nase, zum Mund, zu den Wangen und so weiter. Lassen Sie sich Zeit, und spüren Sie, wie sich Ihr Körper nach und nach entspannt. Lassen Sie bewußt locker. Lösen Sie alle Spannungen, die Sie während Ihrer Wanderung durch den Körper entdecken. Dabei ist es wichtig, auch solche Teile des Körpers zu entspannen, die man normalerweise nicht mit An- oder Verspannung in Verbindung bringt, beispielsweise die Kopfhaut. Bewegen Sie sich auf diese Weise durch Ihren gesamten Körper. Sie werden sehr schnell spüren, wie sich die Bereiche, die in Ihrem mentalen Fokus liegen, lockern und wie sich auch Ihre emotionale Stimmung entspannt.

Übung 2
Auch diese Übung wird in Rückenlage praktiziert. Benutzen Sie wieder eine bequeme Unterlage und achten Sie – wie bei der ersten Übung – auf eine angemessene Raumtemperatur. Diesmal üben Sie die Entspannung in Verbindung mit der Atmung. Zählen Sie im stillen bis zehn. Sie beginnen beim ersten Ausatmen mit »eins« und zählen bei jedem Ausatmen eins weiter. Stellen Sie sich vor, daß sich die Entspannung Ihres Körpers mit jeder Ausatmung verdoppelt. Versuchen Sie zu fühlen, wie die Entspannung Ihres ganzen Körpers immer weiter zunimmt, das heißt, wie Sie bei jedem Atemstoß immer mehr loslassen.

Dieses Gefühl des Loslassens ist eine wichtige Erfahrung. Versuchen Sie sich die Vorstellung anzueignen, Spannungen durch bewußtes Loslassen aus dem Körper vertreiben zu können.

Lektion VI

Einen Entschluß fassen

In der letzten Lektion ging es um die Auseinandersetzung mit dem Phänomen der Angst. Wir haben Möglichkeiten besprochen, einige wesentliche Ängste des Rauchers rational zu entkräften, und außerdem Methoden untersucht, Körper und Psyche durch den Einsatz von Entspannungstechniken zu harmonisieren.

Sie sind nun in der Lage, sich der nächsten Herausforderung zu stellen. Dabei handelt es sich um eine Frage, die jedem Raucher, der sich von der Sucht befreien will, zunächst Kopfzerbrechen bereitet: Es geht um die Schwierigkeit, einen Entschluß zu fassen, der Ihnen im Augenblick vielleicht sehr radikal erscheint.

Bevor Sie das Leben und die Freiheit eines Nichtrauchers genießen können, müssen Sie sich bewußt dafür entscheiden, nicht mehr zu rauchen. Sie müssen sich dazu entschließen, keinerlei Produkte zu konsumieren, die Nikotin enthalten. Das gilt auch für Nikotinpflaster und sonstige Ersatzpräparate.

Wir haben bereits den dämonischen Nikotinmechanismus kennengelernt, der den Menschen in die Sucht treibt. Es ist absolut irrelevant, in welcher Form das Nikotin aufgenommen wird. Vor einigen Jahrzehnten wurden Menschen nach Kautabak süchtig, heute sind

Lektion VI

es Zigaretten, und in der Zukunft sind es wahrscheinlich Nikotinpflaster. Es gibt bereits jetzt beunruhigende Berichte aus den USA über Zehntausende von Nikotinpflastersüchtigen, die sich in der Hoffnung, dem Rauchen zu entkommen, in die Fänge einer neuen Sucht gestürzt haben, die im Grunde genommen die alte ist.

Nikotin ist das stärkste bekannte Suchtmittel. Die Dosen, die ausreichen, um einen Menschen in die Sucht zu treiben, sind so gering, daß bereits eine Zigarette, egal welcher Marke, genügt, um den Suchtprozeß auszulösen. Es bleibt also nur eine Möglichkeit, um die Sucht zu stoppen: Konsumieren Sie keinerlei nikotinhaltige Produkte.

Der Grund für die Notwendigkeit eines klaren Entschlusses wird offensichtlich, wenn Sie sich vergegenwärtigen, daß dieser Entschluß Sie in Momenten tragen und beschützen soll, in denen Sie vielleicht kurz-zeitig die Orientierung verlieren. Solche Momente können sehr irritierend sein, wenn man sie fehlinterpretiert. Jeder Raucher, der das Rauchen einstellt, erlebt in den Tagen nach der letzten Zigarette Momente des Zweifels.

Es ist wichtig, zu verstehen, daß diese vereinzelten Zweifel natürliche Bestandteile des Ablösungsprozesses sind. Jeder, der eine langgehegte Routine ablegt, kennt solche Empfindungen. Sie sagen nichts über die Richtigkeit oder die Fehlerhaftigkeit der Entscheidung aus, sondern sind Echos einer Verhaltensweise, die sich dagegen wehrt, losgelassen zu werden.

Lektion VI

In jedem Falle ist es wichtig, die Entscheidung für das Leben als Nichtraucher sorgfältig vorzubereiten und in einer Verfassung zu treffen, die letztlich über jeden Zweifel an der Sinnhaftigkeit des Entschlusses erhaben ist. Angenommen, Sie würden sich in angetrunkenem Zustand fest vornehmen, nie mehr zu rauchen, so trüge Sie ein Entschluß, der auf diese Weise zustande gekommen ist, mit Sicherheit nicht sehr weit, einfach weil sich sehr schnell begründete Zweifel einstellen werden, ob die Sache auch gut überlegt oder der richtige Moment gewählt war.

Im Gegensatz dazu hat ein Entschluß, der auf gründlicher gedanklicher Vorbereitung basiert und in einem Zustand klarer geistiger Verfassung getroffen wird, unendlich viel mehr Kraft. So ein Entschluß kommt nicht beim ersten Auftauchen skeptischer Gedanken ins Wanken. Sie sollten diese Zusammenhänge bedenken und sich mit der Vorstellung vertraut machen, daß Sie in den kommenden Tagen oder Wochen bewußt Ihre letzte Zigarette rauchen werden.

Diese Handlung ist wie ein Ritual, das heißt, es verbinden sich damit eine Vielzahl von gedanklichen Bedeutungen: Es ist der Schritt in die Freiheit und somit auch gleichzeitig der sichtbare Akt der Befreiung selbst. Die letzte Zigarette ist der Schwerthieb, mit dem Sie den Dämon niederstrecken.

In den zenbuddhistischen Kampfkünsten existiert eine Metapher, die beschreibt, wie der weise Krieger dem Gegner das Schwert entwendet und die Spitze ge-

Einen Entschluß fassen

gen den Angreifer richtet. In diesem Sinne wird die letzte Zigarette – eigentlich eine Waffe des Dämons – zum Schwert, das sich nun gegen den Dämon selbst richtet.

Bevor Sie diesen Schlag allerdings ausführen können, müssen Sie sich über die Konsequenzen Ihrer Entscheidung absolute Klarheit verschaffen. Jede Zigarette nach diesem Schritt ist tabu. Sie wissen, daß gelegentliches Rauchen den Kreislauf der Sucht aufrechterhält, und Sie wissen ebenfalls, daß es die Illusion nährt, Nikotinsucht sei eine Frage der aufgenommenen Nikotindosis. Prägen Sie sich ein, daß jede Dosis Nikotin zur Sucht führt.

Eine weitere Konsequenz, die aus Ihrer Entscheidung resultiert, ist die Bemühung um Achtsamkeit. Sie haben erfahren, daß Ihre Sucht ein primär geistiges Phänomen ist. Daraus ergibt sich die Notwendigkeit, Täuschungen zu vermeiden, die Sie erneut in die Irre treiben könnten. Selbstverständlich wird das nicht mehr ohne weiteres möglich sein, aber es ist dennoch angebracht, für eine gewisse Zeitspanne nach der letzten Zigarette etwas Vorsicht walten zu lassen. In diesen Bereich gehört meine Empfehlung, für einige Monate den Konsum von Alkohol und anderen Produkten, die eine Schwächung der geistigen Kräfte bewirken, zu vermeiden. Die dahinterstehende Logik dürfte Ihnen klar sein: In den ersten Wochen nach der letzten Zigarette stellen sich der Körper und die Psyche um. Diese Veränderung kann die bereits erwähnten, im Grunde

Lektion VI

harmlosen Irritationen auslösen. Psychoaktive Substanzen wie beispielsweise Alkohol können derartige Symptome verstärken.

In der Situation des Kampfes geht es immer darum, eine Sicht der Dinge zu entwickeln, die hilft, den Kampf zu meistern. Es ist unwichtig, ob andere Ihre gedanklichen Vorbereitungen auf den Schritt in eine rauchfreie Zukunft als sinnvoll ansehen oder nicht. Entscheidend ist lediglich, ob es Ihnen gelingt, eine seelische Verfassung zu entwickeln, die es Ihnen ermöglicht, den Nikotin-Dämon zu besiegen.

Damit spiele ich auf mögliche Bemerkungen von unsensiblen Nichtrauchern an, die sich vielleicht sarkastisch über den »Aufwand« auslassen, mit dem Sie Ihren Sprung in die Freiheit vorbereiten. Es gibt viele, die glauben, man könne mit dem Rauchen aufhören, indem man sich »einfach zusammenreißt«.

Selbstverständlich ist das manchmal möglich. Allerdings leiden viele ehemalige Raucher, die sich durch Einsatz ihres Willens vom Rauchen gelöst haben, noch über Jahre hinweg, falls sie überhaupt mehrere Jahre durchhalten, unter einer Sehnsucht nach Zigaretten. Warum? Weil sie niemals die grundsätzliche Strategie durchschaut haben, durch die der Nikotin-Dämon den Rauchern Genuß vortäuscht, statt Genuß zu bereiten.

Es ist eben ein Unterschied, ob Sie aufhören, weil Sie Angst vor den gesundheitlichen Folgen des Rauchens haben oder weil Sie erkennen, daß Ihnen das Rauchen keinen Genuß schenkt. Im ersten Fall hängen

Einen Entschluß fassen

Sie nach wie vor dem Glauben an, das Rauchen wäre ein Genuß, allerdings ein gesundheitsschädlicher, weshalb Sie sich nun auferlegen, auf diesen Genuß zu verzichten. Im zweiten Fall verstehen Sie, daß es nichts gibt, das Sie in Zukunft vermissen müßten. Sie verlieren nichts.

Daraus ergibt sich, wie leicht es Ihnen fallen wird, Ihren Entschluß zu realisieren. Und das allein zählt. Machen Sie sich bewußt, daß ein Mensch, der sich ohne inneren Schwung in einen Kampf begibt, kaum realistische Chancen auf einen Sieg hat. Jemand, der glaubt, er verzichte auf etwas Wichtiges, wird keine Woche ohne Zigaretten durchhalten. Er hat den Dämon nicht besiegt, denn es fehlt ihm an gedanklicher Vorbereitung und der entsprechenden Einstellung. Sie hingegen befinden sich in einer viel besseren Position, weil Sie den »Aufwand« betreiben, sich geistig auf den Kampf einzustellen.

Zu den klugen Methoden einer kämpferischen Vorbereitung gehört die Motivation. Die Kraft Ihres Entschlusses wird ganz wesentlich davon abhängen, wie motiviert Sie sind, Ihr Vorhaben umzusetzen. Die bisherige Auseinandersetzung mit dem Mechanismus der Sucht diente vornehmlich der Aufklärung, das heißt, Sie haben sich mit Wissen versorgt.

Die Kampfkünste lehren, daß Wissen oder Geschicklichkeit allein nicht immer ausreichen, um einen Kampf zu bestehen. Der Verlauf eines Kampfes wird

Lektion VI

stark durch die Motivation des Kämpfers geprägt. Es geht also um eine psychische Stimulation, die dem Kämpfer hilft, seine Kräfte und sein Wissen zu bündeln, um den Sieg zu erringen. Ist diese Stimulation sehr stark, so begibt sich der Kämpfer mit einem Gefühl der absoluten Zuversicht in den Kampf.

Um diese Zuversicht zu erreichen, ist es hilfreich, sich auf die positiven Aspekte der Sache zu konzentrieren. Machen Sie sich ein gedankliches Bild von Ihrer Zukunft als Nichtraucher! Entwickeln Sie dieses Bild so kraftvoll und strahlend wie möglich. Wir haben im ersten Kapitel die traurige Realität des Raucherdaseins besprochen. Kreieren Sie eine persönliche Vision Ihres zukünftigen Lebens, die ganz konkret zeigt, wie Sie die Überwindung all der Nachteile, die ein Raucher hinnehmen muß, genießen werden.

Statt den stickigen Mief des Zigarettenqualms, der sich in Ihrer Wohnung festgesetzt hat, zu inhalieren, werden Sie sehr bald frische, klare Luft atmen können. Sie werden bemerken, wie Ihr Körper kräftiger und vitaler wird. Sie werden sich keine Selbstvorwürfe mehr machen müssen, sondern können lachend in den Spiegel sehen, um festzustellen, daß Sie beginnen, jünger zu werden, weil sich Ihre Haut regeneriert.

Führen Sie sich all die positiven Aspekte Ihres zukünftigen Lebens als Nichtraucher vor Augen. Viele Menschen erleben bereits in diesem Stadium außerordentliche Momente des Wohlbefindens, weil sie spüren, daß sie sich einer wichtigen und guten Aufgabe

Einen Entschluß fassen

widmen. Doch auch wenn sich nicht spontan ein Gefühl der Freude oder der glücklichen Erwartung einstellt, sollten Sie an dieser Übung festhalten. Sie hat mit Sicherheit Effekte, die Ihnen zugute kommen werden.

In den Bereich der Motivation gehören auch mögliche Überlegungen, den Schritt in die Freiheit von der Nikotinsucht mit anderen positiven Veränderungen der Lebensweise zu verbinden. So ließe sich die neue, freigesetzte Energie beispielsweise für die Aufnahme eines körperlichen Trainingsprogramms nutzen. Das scheint auch deshalb eine sinnvolle Methode zu sein, weil viele ehemalige Raucher nach ihrer letzten Zigarette anfangen, den eigenen Körper deutlicher und genußvoller wahrzunehmen. Damit kann sich die Freude an Bewegung verbinden. Sie könnten zu laufen oder zu schwimmen beginnen oder vielleicht sogar das Training einer traditionellen Kampfkunst aufnehmen.

Weiterhin sollten Sie auch die Möglichkeit überdenken, bisher ungeklärte, ungünstige Faktoren in Ihrem Leben anzugehen. Ich habe die Wochen und Monate nach meiner letzten Zigarette genutzt, um einige belastende Probleme aus der Welt zu schaffen. Unter dem Eindruck dieser allseitig positiven, wenn auch nicht immer unkomplizierten Veränderungen kam ich mir wie verwandelt vor. Wenn ich heute auf diese Zeit zurückschaue, so erscheint sie mir wie der Beginn einer durch und durch verheißungsvollen Entwicklung.

All diese Anregungen sollen Ihnen jedoch nur einen Weg weisen. Wählen Sie Ihre eigene Methode. Ich bin

Lektion VI

überzeugt, es wird die richtige sein. Gehen Sie die Sache kreativ an. Je liebevoller Sie sich in dieser Angelegenheit mit Ihren persönlichen Bedürfnissen auseinandersetzen, desto besser. Bemühen Sie sich darum, sich selbst gegenüber milde zu sein. Versuchen Sie, das Verletzbare, das Kind in Ihrem Innern zu umarmen. Je respektvoller Sie sich selbst behandeln, desto eher werden sich Ihre Kräfte regen.

Es geht mir hier nicht darum, Ihr Ego zu streicheln. Respekt gegenüber der eigenen Persönlichkeit bedeutet, sich selbst zu vertrauen, sich seinen persönlichen Schwächen und Stärken zu widmen, ohne Zorn, ohne Hast. Falls Sie dies verstehen, falls Sie im Laufe dieses Kampfes gegen den Dämon Nikotin lernen, Ihrem eigenen Wesen mit Liebe, Vertrauen und Respekt gegenüberzutreten, dann haben Sie weitaus mehr erreicht als die Überwindung der Sucht.

Einen Entschluß fassen

Übungen

Übung 1
Es ist von entscheidender Bedeutung, die Notwendigkeit eines klaren Entschlusses zu verstehen. Sie werden sich in Kürze dafür entscheiden, nie wieder zu rauchen. Listen Sie auf einem Blatt Papier alle Gründe auf, weshalb eine so elementare Entscheidung notwendig ist. Falls Sie Zweifel haben, sollten Sie nicht das nächste Kapitel beginnen, sondern einige Tage über die Wichtigkeit des festen Entschlusses reflektieren. Lesen Sie erst weiter, wenn Sie eine Liste plausibler Gründe angefertigt haben, die beweist, daß Sie diesen Schritt wirklich verstehen.

Übung 2
Wie wird Ihr Leben ohne Zigaretten aussehen? Entwickeln Sie eine Vorstellung von Ihrer rauchfreien Zukunft. Schildern Sie diese Vision schriftlich, oder beschreiben Sie sie einem Vertrauten. Welche positiven Veränderungen für Ihren Körper, Ihren Geist, Ihre Lebensqualität etc. wird der Entschluß bewirken?

Lektion VII

Vom Kampf ohne Krafteinsatz

Wir haben in Lektion VI erörtert, welche Voraussetzungen erfüllt sein sollten, um einen kraftvollen Entschluß zu treffen. In dieser Lektion geht es darum, Ihnen eine Methode des geistigen Kampfes zu verdeutlichen, die sich als sehr nützlich für Ihr weiteres Leben erweisen wird, wenn Sie sie meistern. Die ersten Tage nach Ihrer letzten Zigarette werden Ihnen die Möglichkeit geben, diese Methode zu üben.

Der Kampf ohne Krafteinsatz ist das Ideal sowohl zenbuddhistischer als auch daoistischer Strategie. Natürlich spielen bei jedem Kampf Kraftwirkungen eine Rolle, aber in der spirituellen Vorstellung, den Gegner ohne Einsatz äußerer Kraft zu besiegen, finden wir ein Leitmotiv fortgeschrittener Kampftechnik.

In Lektion II haben wir eine Strategie des Meisters Sun Tsu kennengelernt. Es ist nun an der Zeit, den großen Strategen erneut zu Rate zu ziehen. Meister Sun schreibt: »Jene, die die gegnerische Armee hilflos machen, ohne es zu einem Kampf kommen zu lassen, sind die wahrhaft Vortrefflichen […] Daher besiegt der, der die Kunst des Krieges beherrscht, die Kräfte der anderen ohne Kampf.«

Diese Aussagen mögen zunächst unklar erscheinen.

Lektion VII

Führt man sich allerdings zu Bewußtsein, daß sowohl gemäß daoistischer als auch buddhistischer Vorstellung Gewaltanwendungen eine Verletzung der universellen Harmonie darstellen, wird ersichtlich, weshalb der »Sieg ohne Kampf« als Ideal gilt. Natürlich wird auch in diesem Idealfalle gekämpft, aber eben mit den Mitteln des Geistes, mit Strategie und Weisheit.

Betrachten wir den Zweikampf, dann ergibt sich aus buddhistischer Sicht, daß jeder Einsatz von Gewalt einen entsprechenden Gegenstoß provoziert. Wenn Sie beispielsweise zwei Sumo-Ringer beim Kämpfen beobachten, werden Sie sehen, daß die Ringer zu Beginn des Kampfes aufeinanderprallen. Die Kräfte der Ringer richten sich gegeneinander und können sich in dieser entgegengesetzten Wirkung so neutralisieren, daß keinerlei Bewegung mehr stattfindet. Das heißt, die Ringer stemmen sich gegeneinander, aber keiner der Gegner ist in der Lage, auch nur einen Schritt vorwärts zu gehen. Je mehr Kraft einer der beiden Kämpfer aufwendet, desto stärker hält der andere dagegen.

Das buddhistische Ideal vom Kampf ohne Krafteinsatz will dem sinnlosen Kräftemessen zuvorkommen, denn es stellt eine energieraubende Angelegenheit dar, die einen Menschen schnell erschöpfen und von seinen ursprünglichen Zielen abbringen kann. Insbesondere im Kampf gegen eine Sucht sollte man sich davor hüten, die persönlichen Ressourcen in Akten gewaltsamer Anstrengung zu erschöpfen.

Aus diesem Grunde bietet sich hier eine Technik an,

die in verschiedenen Kampfkünsten als »den Gegner ins Leere gehen lassen« bekannt ist. Wir finden diese fortgeschrittene Technik im japanischen Aikido, Karate-Do und Kendo, aber auch in den verschiedensten Schulen des chinesischen Kung-Fu.

»Den Gegner ins Leere gehen lassen« bedeutet nicht, einem Angriff lediglich auszuweichen. Sicher spielt das Ausweichen in allen Kampfkünsten eine wichtige Rolle, aber hier geht es um mehr. Stellen Sie sich vor, wie zwei Kämpfer einander entgegenstürmen. Sie erwarten einen Zusammenprall der gegnerischen Kräfte. Doch im Augenblick des Kontaktes ändert einer der Kämpfer die Richtung seiner Bewegung.

Statt zweier Gegner, die sich gegeneinander stemmen, sehen wir nun einen Kämpfer, der nachgibt, und einen, der die Gewalt seines eigenen Ansturms nicht mehr stoppen kann und ins Leere stürzt. Dieser Fall wird zusätzlich vom Zug des anderen verstärkt. Es ist, als würden sich beide Kämpfer in die gleiche Richtung bewegen. Allerdings ist ihre Situation innerhalb des Kampfes grundverschieden, denn einer der beiden Kämpfer setzt die Kampftechnik »den Gegner ins Leere gehen lassen« ein, während der andere seinem Ende entgegenstürzt.

Durch eine geeignete Kampftechnik lassen sich gewaltige Wirkungen erzielen, selbst wenn dabei keine rohen Kräfte eingesetzt werden. Der entscheidende Schlüssel zu einer derart vollendeten Technik liegt in der Fähigkeit des Meisters, sich zu entspannen. Erst

Lektion VII

durch diese Entspannung wird es möglich, die Energie des Gegners aufzunehmen, umzuleiten und schließlich gegen den Angreifer selbst zu richten.

Auch Anfänger des Aikido neigen dazu, sich der Kraft des Angreifers frontal entgegenzustellen. Diese Reaktion ist verständlich, denn sie entspricht dem natürlichen Actio-Reactio-Prinzip. Durch das Üben einer Kampfkunst wie Aikido kann man hingegen lernen, daß es manchmal klüger ist, einen Angriff ins Leere gehen zu lassen, als sich ihm entgegenzustellen.

Ich habe dies so ausführlich beschrieben, um Sie auf den Kampf gegen den Nikotin-Dämon vorzubereiten. Unmittelbar nachdem Sie Ihre letzte Zigarette ausgedrückt haben, wird sich der tödlich getroffene Dämon auf Sie stürzen, um seine Niederlage doch noch zu wenden. Möglicherweise bemerken Sie das zunächst nicht. Im Laufe der ersten Tage nach Ihrer letzten Zigarette werden Sie dann das leichte Vibrieren spüren, von dem ich bereits in Kapitel V sprach. Dies ist die letzte Attacke des sterbenden Dämons.

Wenden Sie die Technik an, die ich zu Beginn dieser Lektion beschrieben habe. Lassen Sie locker. Entspannen Sie sich. Sie haben gelernt, Entspannungstechniken einzusetzen, um Körper und Geist zu lockern. Wenn Ihnen danach ist, nutzen Sie diese Techniken. Egal was Sie tun, bewahren Sie Ruhe. Lassen Sie sich nicht auf ein Kräftemessen mit dem sterbenden Dämon ein.

Diese Kreatur ahnt ihren Tod und schlägt deshalb

Vom Kampf ohne Krafteinsatz

um sich. Lassen Sie sich davon nicht beeindrucken. Lachen Sie. Stemmen Sie sich nicht gegen das Gefühl des Vibrierens, sondern lassen Sie es geschehen. Ich mußte mich anfangs auch etwas überwinden, weil das Gefühl von Spannung bei uns Menschen eben normalerweise eine Gegenspannung auslöst. Als ich aber locker ließ und lachte, veränderte sich das Gefühl der Spannung und wurde zu einem sonderbar angenehmen Strömen und Kribbeln.

Möglicherweise ist die Symptomatik bei Ihnen anders, vielleicht ist sie aber auch gleich – das ist völlig egal, solange Sie sich einprägen, keine Kraft gegen diese Empfindungen einzusetzen.

Wenn Sie spüren, daß Sie begonnen haben, sich anzuspannen, sollten Sie stets ganz bewußt wieder locker lassen. Erinnern Sie sich daran, daß ungewöhnliche Empfindungen in den Tagen nach der letzten Zigarette eine natürliche Erscheinung darstellen und durch den Abbau des Nikotins in Ihrem Körper hervorgerufen werden. Diese Empfindungen sind weder schmerzhaft noch sonderlich intensiv oder langanhaltend. In der Regel ist der Spuk bereits nach drei bis vier Tagen vorbei.

Ich habe in der Einleitung geschrieben, daß sich Siddhartha Gautama im Kampf mit dem Dämon Mara gegen Verlockung und Furcht bewähren mußte. Verlockung und Furcht sind die zentralen Aspekte im Kampf gegen jede Art von Dämon. Es sind immer die Motive der Versuchung und der Angst, die den Menschen manipulierbar und anfällig für destruktive Denk- und Verhaltensweisen machen.

Sie haben sich bereits darüber Klarheit verschafft, daß im Falle der Nikotinsucht sowohl Verlockung als auch Furcht auf einer Täuschung Ihres Denkens beruhen. Sie können die Verlockung auflösen, indem Sie darüber reflektieren, daß ein Leben als Nichtraucher weitaus genußvoller und weniger mit Leiden verbunden ist. Sie können die Furcht auflösen, indem Sie darüber reflektieren, daß keine der Ängste, die der Dämon Ihnen beschert hat, Wirklichkeit werden: Es wird keine »Leere« geben, keine Schmerzen beim »Entzug« und keinen »Rückfall«.

Solange Sie diese rationale Basis aufrechterhalten und sich immer wieder lockern, wenn Sie merken, daß Sie sich anspannen, kann Ihnen nichts passieren. Eben gerade darin besteht für viele Menschen, die mit dem Rauchen aufhören wollen, eine erhebliche Schwierigkeit: Jeder langjährige Raucher, der ohne Vorbereitung von heute auf morgen aufhören will, hat mit enormen Problemen zu rechnen, denn er ist all den Wirkungen der geistigen Täuschung ohne Gegenmittel ausgeliefert. Zwar verliert die Täuschung, wenn man aufhört zu rauchen, im Laufe der Zeit an Kraft. Aber leider erleben viele die völlige Auflösung der Fiktion gar nicht, weil sie bereits vorher wieder mit dem Rauchen begonnen haben.

Aus diesem Grunde müssen Sie sich darüber klar

Lektion VII

werden, daß Sie den endgültigen Sieg über den Dämon erst erzielen, wenn sich Ihr Körper und Ihr Bewußtsein von den Wirkungen des Nikotins befreit haben. Die Dauer dieser ganzheitlichen Ablösung von den Wirkungen des Giftes ist bei jedem Menschen unterschiedlich. In der Regel sind die ersten drei bis sieben Tage nach der letzten Zigarette die kritischsten.

Man fühlt sich vielleicht ein wenig daneben, irgendwie nackt, aber auch glücklich über den Beginn eines neuen Lebens. Je länger man in diesem Zustand verweilt, desto klarer wird der Geist, denn die Einflüsterungen des Dämons verstummen allmählich. In diesem Zeitraum tauchen neben den bereits erörterten Empfindungen manchmal auch Gedanken auf, die man als »Versuchung, etwas Unsinniges zu tun« bezeichnen kann.

Das Geheimnis dieses sonderbaren Phänomens liegt in einer schwer erklärbaren psychischen Eigenart des Menschen, sich nicht nur gegen absolute Gebote, sondern auch gegen äußerst sinnvolle Leitsätze wie beispielsweise »Rauche nicht!« aufzulehnen. Ich kenne dieses eigentümliche Verlangen vom Motorradfahren her, und andere Fahrer haben mir gegenüber bestätigt, daß sie es ebenfalls schon gespürt haben: Ich spreche von der Versuchung, bei schneller Fahrt mit hoher Geschwindigkeit kurz am Lenker zu rütteln. Die katastrophalen Folgen einer solchen Handlung sind jedem klar. Gerade deshalb übt die Vorstellung, es zu tun, eben manchmal eine derartige Faszination aus.

Vom Kampf ohne Krafteinsatz

Falls Sie also die Verlockung spüren, eine Zigarette zu rauchen, nur weil es so absurd, sinnlos und in den Folgen »katastrophal« wäre, dann bedenken Sie, daß diese Verlockung ein natürliches Phänomen darstellt. Nichts an solchen Versuchungen zwingt uns, ihnen zu folgen. Es sind ganz einfach Gedanken, die aufgrund ihres absurden Charakters eine gewisse Anziehungskraft auf unser Denken ausüben. Lassen Sie sich davon nicht beeindrucken. Lockern Sie sich! Schütteln Sie alle Zweifel an der Richtigkeit Ihres Entschlusses, mit dem Rauchen aufzuhören, ab.

»Den Gegner ins Leere gehen lassen« ist eine universale Methode. Sie beruht immer auf der Fähigkeit, sich zu entspannen, dem Impuls, Kraft oder Gewalt anzuwenden, zu widerstehen. Der Nikotin-Dämon schlägt in die Luft, wenn er versucht, Sie zu treffen. Er tobt vielleicht herum, aber er kann Sie nicht berühren, denn Sie kehren immer wieder in den unangreifbaren Zustand des Gelockertseins zurück. Während er all seine Kräfte verbraucht und seinem Ende entgegentaumelt, gehen Sie entspannt, erfrischt und gestärkt aus diesem Konflikt hervor.

Es lohnt sich, darüber nachzudenken, welche aussichtsreichen Veränderungen Ihr Leben erfahren könnte, wenn Sie die Prinzipien des Kampfes ohne Krafteinsatz auf den Alltag anwenden würden. Stellen Sie sich vor, wie souverän ein Mensch zu handeln vermag, der die Kunst des »kampflosen Kampfes« beherrscht, also in der Lage ist, »die gegnerische Armee hilflos zu machen, ohne es zu einem Kampf kommen zu lassen«. Sie können sich im Zusammenhang mit Ihrer Sucht zum erstenmal von der Wirksamkeit dieser Methode überzeugen. Vielleicht entdecken Sie, daß sich auch andere Konflikte Ihres Lebens auf diese Weise lösen lassen.

Vom Kampf ohne Krafteinsatz

Übungen

Übung 1
Bestimmt haben Sie schon einmal einen Kampf ohne Krafteinsatz beobachtet. Es muß kein wirklicher Kampf gewesen sein: Im Winter fällt Schnee auf die Kiefer, so daß sich ihre Äste unter der Last immer weiter durchbiegen. Ein Ast berührt schon fast die Erde, da rutscht der Schnee plötzlich herunter, und der Ast schnellt nach oben ... Beschreiben Sie einen Kampf ohne Krafteinsatz, und versuchen Sie, dessen elementare Prinzipien herauszuarbeiten.

Übung 2
Könnten Sie sich vorstellen, durch die Strategie des Kampfes ohne Krafteinsatz bestimmte Schwierigkeiten in Ihrem Leben zu lösen? Falls ja, welche Probleme wären das, und wie würden Sie vorgehen?

Lektion VIII

Erkenne dich selbst

Die Arbeit an diesem Kapitel fiel mir nicht gerade leicht, denn das Thema könnte zu den verschiedensten Mißverständnissen Anlaß geben. Es soll in dieser Lektion um Möglichkeiten gehen, die Sie nutzen können, um den Kampf gegen den Dämon zu unterstützen. Einige dieser Möglichkeiten sind Ihnen mit Sicherheit bereits bekannt, andere wahrscheinlich nicht. Erlegen Sie sich beim Ausprobieren dieser Optionen keinen Zwang auf. Sinnvoll ist, was Ihnen sinnvoll erscheint –

Lektion VIII

wenn Sie sich mit einer Methode nicht anfreunden können, hat es keinen Zweck, sich damit zu belasten.

Anfang des zwanzigsten Jahrhunderts machte die französische Forscherin Alexandra David-Néel auf Expeditionsreisen in Tibet einige bemerkenswerte spirituelle Erfahrungen, die sie schließlich dazu bewogen, die Lehre des tibetischen Buddhismus gründlich zu studieren. In ihrem Buch *Heilige und Hexer* beschreibt sie eine buddhistische Technik, mit der Mönche Tulpas, Geistwesen, erschaffen.

Auch Madame David-Néel experimentierte mit dieser Technik. Der Vorgang nahm mehrere Monate in Anspruch und bestand aus einer Reihe von Visualisierungen, mit deren Hilfe sie ein imaginäres Wesen schuf, einen kleinen Mönch, mit dem sie schließlich auch interagieren konnte. Die Geschichte nahm jedoch ein eigenartiges Ende. Das Tulpa-Wesen entzog sich bald der Kontrolle von David-Néel und wurde der Forscherin schließlich unheimlich. Aus diesem Grunde setzte sie buddhistische Meditationstechniken ein, um den Geist, den sie gerufen oder besser gesagt geschaffen hatte, wieder loszuwerden.

Die Funktion von Tulpa-Kreationen, also Geistwesen, wird von verschiedenen Meistern des tibetischen Buddhismus unterschiedlich beschrieben. Man kann sich eine mögliche Bedeutung dieser Praxis aber als Schöpfung eines persönlichen Beraters oder Lehrers vorstellen.

Nun mag man solche Techniken als Okkultismus

abtun. Allerdings wurden sie auch von einem der bedeutendsten Psychologen überhaupt, nämlich C. G. Jung, angewendet. Er »schuf« eine Phantasiegestalt, die er Philemon nannte, und betrachtete sie als einen inneren Lehrer:

Philemon stellte eine Kraft dar, die ich nicht war. Ich führte Phantasiegespräche mit ihm, und er sprach Dinge aus, die ich nicht bewußt gedacht hatte. Ich nahm genau wahr, daß er es war, der redete, und nicht ich … Er hat mir in der Tat erleuchtende Gedanken vermittelt.

C. G. Jung entwickelte eine Methode, die dem modernen Menschen die Kontaktaufnahme zu Wesenheiten des Unbewußten ermöglichen sollte. Er nannte diese Methode »Aktive Imagination«. Sie gleicht in verschiedenen Punkten den tibetischen Praktiken der Tulpa-Kreation.

Obwohl es für Sie nicht unbedingt notwendig ist, sich mit der »Aktiven Imagination« von C. G. Jung auseinanderzusetzen, könnte Ihnen der Blick auf die relativ leicht zu erlernenden Techniken durchaus eine Hilfe sein. Die Methode geht – vereinfacht formuliert – davon aus, daß es in unserem Inneren einen Bereich gibt, der quasi auf die Erfahrung der gesamten menschlichen Evolution zurückgreift. Ein Kontakt mit diesem Erfahrungspool des kollektiven Unbewußten kann »erleuchtende Gedanken« vermitteln.

Lektion VIII

Natürlich existieren vereinfachte Varianten eines solchen Kontaktes mit unseren weisen, inneren Kräften in den verschiedensten Formen. Das Führen eines Tagebuchs stellt im Grunde eine solche Kommunikation mit den eigenen, oft unbewußten Gedanken und Gefühlen dar. Sie könnten beispielsweise in den ersten Wochen nach Ihrer letzten Zigarette ein solches Tagebuch führen, um sich über Ihren inneren Zustand Klarheit zu verschaffen.

Dabei kommt es weniger auf eine detailgetreue Schilderung einzelner Symptome – wie beispielsweise vermehrtes Schwitzen – an, die Sie in den ersten Tagen vielleicht bemerken werden. Es geht vielmehr darum, die Erfahrungen des Ablösungsprozesses in einer positiven, stabilisierenden Weise zu reflektieren.

Das erscheint Ihnen vielleicht als Schönrederei, als eine Art Selbstbetrug. Doch stellen Sie sich einen weisen buddhistischen Meister vor, der Ihnen in den Tagen nach Ihrer letzten Zigarette zur Seite steht. Wie würde er mit Ihnen sprechen? Glauben Sie nicht, daß er sich bemühen würde, Sie in Ihrem Vorhaben zu bestärken? Mit Sicherheit würde er eventuelle Zweifel zerstreuen und Sie beruhigen, falls Sie angespannt wären.

In diesem Sinne sollten Sie auch Ihr Tagebuch führen. Es ist nicht wichtig, was Sie schreiben. Wichtig ist lediglich, daß Sie sich in Ihrem Entschluß, die Sucht zu überwinden, bestärken.

Sie könnten diese Übung auch praktizieren, indem Sie kein Tagebuch, sondern ein reines »Gesprächsbuch«

führen. »Sprechen« Sie darin mit einer fiktiven Gestalt, die Ihnen vertrauenswürdig und positiv erscheint, über Ihre Gedanken. Ihr »Gesprächspartner« kann ein imaginärer Freund, aber auch ein Beschützergeist oder eben eine Meisterfigur sein. Wichtig ist, daß Sie dieser Figur all Ihre positive Energie schenken. Das bedeutet auch, ihr mit Respekt und Freundlichkeit zu begegnen.

Natürlich kommunizieren Sie dabei mit einem Teil Ihrer Psyche. Das macht die Übung so wertvoll, denn sie leistet einen wichtigen Beitrag zu Ihrer psychischen Stabilität. Stellen Sie sich vor, daß sich Ihnen nun die Chance bietet, frei und offen über Ihre wirklichen, wahren und tiefsten Gedanken zu sprechen. Sie können Ihrem inneren Berater Dinge anvertrauen, die Sie wahrscheinlich selbst Ihrem besten Freund nicht offenbaren würden.

Menschen, die ein solches Training des ehrlichen, systematischen inneren Dialogs über längere Zeit ausführen, zeichnen sich durch einen hohen Grad an Selbstreflexion aus, das heißt sie verfügen über ein außergewöhnlich scharfes Verständnis ihrer persönlichen Motive, Gedanken, Emotionen, Interessen usw.

Ich habe bereits in Lektion II Meister Sun Tsu zitiert, der von der Wichtigkeit sprach, die Pläne des Gegners zu durchschauen. Das vollständige Zitat lautet:

Wenn du die anderen und dich selbst kennst, wirst du auch in hundert Schlachten nicht in Gefahr schweben;

Erkenne dich selbst

wenn du die anderen nicht kennst, aber dich selbst kennst, dann siegst du einmal und verlierst einmal; wenn du die anderen nicht kennst und dich selbst nicht kennst, dann wirst du in jeder einzelnen Schlacht in Gefahr sein.

Auf den Kampf mit dem Dämon Nikotin bezogen heißt dies, daß es von Bedeutung ist, sowohl die Strategie des Dämons zu kennen, als auch um die eigene Persönlichkeit Bescheid zu wissen. Die Strategien des Dämons sind Ihnen mittlerweile wohlbekannt. Die Aufnahme des systematischen inneren Dialogs, wie ich ihn in dieser Lektion beschrieben habe, unterstützt Sie darin, stärker mit Ihrer Persönlichkeit in Kontakt zu kommen.

Wenn Sie mit Hilfe des »Gesprächsbuches« oder einer ähnlichen Technik beginnen, Ihre intimste Gedankenwelt zu erforschen, sollten Sie darauf achten, Ihren fiktiven Gesprächspartner zunächst Fragen stellen zu lassen. Zwingen Sie sich nicht dazu, Ihren imaginären Berater weise erscheinen zu lassen, sondern überlassen Sie es ihm, Fragen an Sie zu richten, über die Sie bisher nicht oder kaum nachgedacht haben. Antworten Sie ehrlich, aber möglichst, ohne Ihre Empfindungen überzubetonen. Sie dürfen nicht vergessen, daß es sich bei dieser Übung um eine klare Bestandsaufnahme der Faktoren handelt, die Ihre Lebenssituation im Moment beeinflussen.

Würden Sie sich dazu hinreißen lassen, allzu sehr in

der Schilderung von Gefühlen zu schwelgen, dann wäre eine solche Bestandsaufnahme unmöglich. Die Fragen Ihres imaginären Beraters sollten freundlich und sachlich ausfallen, denn schließlich besteht ein Sinn dieser Technik ja auch darin, Ihre psychische Situation zu stabilisieren. Sie sollten also nicht das Gefühl haben, einem Kreuzverhör ausgesetzt zu sein.

Selbstverständlich können Sie auch das Gespräch mit einer realen Person suchen. Gute Freunde, die sich eher darauf beschränken, Anteilnahme zu zeigen, als Sie mit »weisen« Ratschlägen zu beschenken, können in Ihrer Situation durchaus hilfreich sein. Allerdings dürfen Sie nicht vergessen, daß Sie das Problem letztlich allein lösen müssen.

Ich bitte Sie einfach, die Worte des Meisters Sun zu bedenken: Sie erhöhen Ihre Chancen in jeder Art von Konflikt erheblich, wenn Sie sich über Ihre persönliche, innere Welt im klaren sind. Die Überwindung der Nikotinsucht könnte einen Auftakt darstellen, einen Beginn der Kommunikation mit Ihrer inneren Welt. Falls Sie die wohltuende Wirkung dieser Kommunikation schätzen lernen, werden Sie sie auch weiterhin pflegen und somit eine wesentliche Bereicherung Ihres Lebens erfahren, die über die Lösung des eigentlichen Suchtkonflikts weit hinausgeht.

Erkenne dich selbst

Übungen

Übung 1
Was halten Sie von der Idee, Phantasiegespräche mit einer imaginären Person zu führen? Denken Sie eine Weile über mögliche Vor- und Nachteile einer solchen Übung nach. Bemühen Sie sich, die Sache rational einzuschätzen, und versuchen Sie, Ihre Gefühle für oder gegen eine solche Übung zu ergründen.

Übung 2
Unabhängig davon, ob Sie grundsätzlich glauben, daß eine Reihe von Gesprächen mit einem imaginären Partner (Lehrer, Freund, Schutzgeist o. ä.) für Sie sinnvoll ist oder nicht, könnten Sie folgendes Einzelexperiment ausprobieren: Nehmen Sie ein Blatt Papier zur Hand, und entwickeln Sie einen kurzen, schriftlichen Dialog zu einem für Sie ansprechenden Thema mit einer fiktiven oder realen Person, die Sie als vertrauenswürdig betrachten. Machen Sie sich einen Spaß daraus, diese Person interessante Fragen an Sie richten zu lassen. Es geht lediglich darum, herauszufinden, welche Art von Gefühlen sich bei Ihnen einstellen, wenn Sie mit einer imaginären Figur kommunizieren.

Lektion IX

Den Schlag führen

In dieser Lektion geht es um jene Handlung, mit der Sie sich endgültig von der Sucht befreien. Die letzte Zigarette, die Sie rauchen, ist eine Art Ritus, mit dem Sie sich bewußt befreien. Dieser Ritus soll Ihnen als ein Akt in Erinnerung bleiben, mit dem Sie den Gedanken an einen Neubeginn verbinden. Ihre letzte Zigarette ist der Schwerthieb, der den Nikotin-Dämon niederstreckt. Er mag noch eine Weile verzweifelt herumtoben, aber sein Schicksal ist besiegelt.

Um aus einer Handlung eine Zeremonie werden zu lassen, ist es notwendig, sorgfältig vorzugehen. Sorgfalt ist das äußere Zeichen für Konzentration, und Konzentration bedeutet, daß Sie der Handlung etwas sehr Wichtiges schenken, nämlich Ihre Aufmerksamkeit. Das Geschenk der Aufmerksamkeit sagt aus, wie wichtig Ihnen die Sache ist.

Sie müssen sich vergegenwärtigen, daß Ihre letzte Zigarette die Manifestation Ihres Entschlusses darstellt, nicht mehr zu rauchen. Diese Handlung unterstreicht Ihre unbeugsame Absicht. Wird die Zeremonie ohne Sorgfalt, Konzentration und Aufmerksamkeit ausgeführt, sagt das ganz einfach aus, daß Ihr Entschluß nicht fest ist.

Lektion IX

Selbstverständlich wählen Sie selbst die Komponenten der Zeremonie aus; ich kann Ihnen nur einige Hinweise geben, die auf allgemeinen Merkmalen aller Zeremonien basieren. Das Besprechen solcher allgemeinen Merkmale soll Ihnen als Richtlinie für die Entwicklung Ihrer persönlichen Zeremonie dienen. Lassen Sie sich inspirieren. Es gibt in dieser Sache keine eisernen Regeln.

Die letzte Zigarette soll Ihnen als denkwürdiges, positives Ereignis in Erinnerung bleiben. Es empfiehlt sich, den Ort der Zeremonie zu reinigen und aufzuräumen. Nichts sollte Sie von der Durchführung dieser rituellen Handlung ablenken. Sie könnten eine Atmosphäre der Feierlichkeit schaffen, indem Sie die Räumlichkeiten mit Blumen schmücken und Weihrauch verbrennen.

Sorgen Sie dafür, daß Sie nicht gestört werden. Nehmen Sie sich genügend Zeit für das Ritual und auch für die Stunden danach. Es wäre ungünstig, wenn Sie sofort nach Ihrer letzten Zigarette zu einem Termin aufbrechen müßten. Das Ereignis sollte einige Stunden nachklingen.

Wenn Sie den Ort der Zeremonie herrichten, sollten Sie diese Arbeiten zu innerer Sammlung nutzen. Indem Sie alles ganz entspannt, bewußt und konzentriert tun, sammeln Sie Ihren Geist. Lassen Sie keine Hektik zu. Es geht nicht darum, diesen Akt so schnell wie möglich zu absolvieren, sondern darum, der Zeremonie so viel Bewußtsein wie möglich zu schenken. Das bedeutet,

Lektion IX

sich auf alles zu konzentrieren, was Sie tun. Wenn Sie Blumen in eine Vase stellen, dann stellen Sie die Blumen in die Vase, ohne geistig irgendwo anders zu sein.

Das Ritual der letzten Zigarette entspricht dem Schwerthieb, mit dem Sie den Nikotin-Dämon richten. Für Sie mag es ein Akt der Befreiung sein. Für den Dämon bedeutet dieser Akt jedoch den Tod. Dieser Dämon hat Sie sehr viel gelehrt. Vielleicht verdanken Sie ihm sogar eine grundsätzliche Wende in Ihrem Leben. Wie auch immer, der Dämon war ein würdiger Gegner, der Sie in Kontakt mit Ihren inneren Kräften gebracht hat. Dafür schulden Sie ihm Respekt.

Um diesen Respekt auszudrücken, könnten Sie saubere Kleider anlegen. Es ist auch ein weitverbreiteter Brauch, vor der Abhaltung von Ritualen den Körper zu reinigen. Wie auch immer Sie sich entscheiden, wichtig dabei ist, daß Sie all diese Vorbereitungen bereits als Bestandteil der Zeremonie auffassen und mit der entsprechenden inneren Haltung durchführen.

Wenn Sie den Raum hergerichtet und auch sich selbst vorbereitet haben, kann die rituelle Handlung des Rauchens der letzten Zigarette beginnen. Vielleicht ist es eine gute Idee, zunächst einige Minuten still dazusitzen, bevor Sie die Zigarette entzünden. Sie können diese Zeit dazu nutzen, sich die Bedeutung des Rituals vor Augen zu führen. Stellen Sie sich vor, wie Sie Ihr Schwert vorbereiten, um den entscheidenden Schlag zu führen. Es wird keinen Kampf geben, nur einen einzigen Hieb …

Den Schlag führen

Zünden Sie die Zigarette an, wenn Sie sich bereit fühlen. Während Sie rauchen, zerstreuen Sie alle Zweifel und erfreuen sich an der Vorstellung einer leuchtenden, klaren Zukunft. Lassen Sie keine wehmütigen Gedanken zu, dies ist kein Abschied von einem Freund, sondern die Befreiung aus einer Gefangenschaft, die Sie unter Umständen sogar das Leben gekostet hätte.

Rauchen Sie ohne Hast bis zum Ende. Wenn Sie den letzten Zug nehmen, schließen Sie die Augen und stellen sich vor, wie Sie das Schwert heben. Dann blasen Sie den Rauch aus, ohne die Augen zu öffnen, und visualisieren den entscheidenden Schwerthieb. Schlagen Sie kraftvoll und schnell zu. Dann öffnen Sie die Augen und drücken die Zigarette aus.

Wie ich bereits schrieb, ist es wichtig, das Ereignis nachklingen zu lassen. Sie könnten noch einige Minuten still sitzen bleiben, um die Bedeutung dieser Handlung tief in Ihr Bewußtsein aufzunehmen. Räumen Sie ohne Hast alle Rauchutensilien zusammen und vernichten Sie sie. Behalten Sie keinerlei Rauchwaren im Haus. Sie werden nichts mehr davon brauchen.

Eine entscheidende Frage haben wir noch nicht geklärt: Wann ist der beste Augenblick für die letzte Zigarette? Zunächst rate ich Ihnen von »traditionellen« Terminen, wie z. B. Silvester, entschieden ab. Die Erfahrung zeigt, daß solche Daten nicht geeignet sind, vielleicht, weil sie bereits mit einer speziellen Bedeutung belegt sind. Das Ritual der letzten Zigarette hat einen Tag verdient, an

Lektion IX

dem es nicht gegen andere Bedeutungen anzukämpfen braucht. Ich schlage vor, daß Sie sich einen neutralen Termin im Laufe der nächsten 14 Tage aussuchen. Sorgen Sie dafür, daß Sie an diesem Tag genügend Zeit finden, um die Zeremonie in aller Ruhe durchzuführen. Freuen Sie sich auf dieses Datum!

Falls Sie sich außerstande fühlen, innerhalb der nächsten zwei Wochen einen geeigneten Tag zu finden, weil Sie im Grunde glauben, daß es noch zu früh sei, dann ist das ein Zeichen, daß Sie Ihre Auseinandersetzung mit der Sucht nicht abgeschlossen haben. Kehren Sie in diesem Falle zu der Lektion zurück, die Sie nicht vollständig verstanden oder durchgearbeitet haben.

Bitte machen Sie sich klar, daß die gesamte Prozedur der Suchtbefreiung aus drei wesentlichen Komponenten besteht: der Überwindung aller geistigen Täuschungen, der Motivation für den »Sprung« und der Klarheit über das Leben »nach dem Sprung«. Sie haben sich bereits mit allen Fiktionen der Sucht vertraut gemacht und verstehen, daß es sich dabei um Täuschungen handelt, die keine Realität besitzen. Weiter haben Sie gelernt, Ihre Kräfte zu mobilisieren, um den Sprung zu wagen. Sie können dem Dämon den entscheidenden Schlag versetzen, denn Sie vertrauen auf die Richtigkeit dieser Entscheidung und auf Ihre persönliche Kraft.

Also bleibt nur noch zu klären, welche Faktoren Sie in Ihrem weiteren Leben, im Leben nach der letzten Zigarette, berücksichtigen sollten. Dieser Frage ist die letzte Lektion gewidmet.

Den Schlag führen

Übungen

Übung 1
Arbeiten Sie in Ruhe den genauen Ablauf Ihrer Zeremonie aus. Stellen Sie eine Liste von den Dingen zusammen, die Sie vorbereiten möchten, damit die Zeremonie so klappt, wie Sie es sich wünschen.

Übung 2
Legen Sie einen Termin für die Zeremonie innerhalb der nächsten zwei Wochen fest, und sorgen Sie dafür, daß keine andere Verabredung diesen Termin gefährdet.

Lektion x

Achtsamkeit und Gelassenheit

Die essentiellen Prinzipien von Achtsamkeit und Gelassenheit werden schon den Anfängern buddhistischer Schulung ausführlich erläutert. Dies geschieht meist aus der Motivation heraus, den Schüler frühzeitig zur Anwendung dieser Prinzipien zu bewegen. Es ist für den buddhistischen Lehrer also ein Zeichen erster Erkenntnis, wenn seine Schüler beginnen, die Methoden von Achtsamkeit und Gelassenheit bei der Bewältigung des Unterrichts einzusetzen.

Das Erfassen der Bedeutung von Achtsamkeit und Gelassenheit erschöpft sich hier nicht im bloßen Wissen um die Vorteile einer aufmerksamen und zugleich entspannten Geisteshaltung. Der Schüler muß in der Lage sein, die Zusammenhänge dieser Prinzipien im Kontext der buddhistischen Lehre zu durchschauen. Letztlich zeigt sich das wirkliche Verstehen von Handlungsrichtlinien immer auch darin, daß wir wissen, woher sich diese Prinzipien ableiten. Nur so ist es möglich, der Gefahr von Fehldeutungen auszuweichen. Die verallgemeinernde Natur aller Methoden ist immer auch eine Quelle von Mißverständnissen.

Ich schreibe dies, um Ihnen vor Augen zu führen, wie wichtig es für die erfolgreiche Anwendung von

Lektion X

Prinzipien ist, die Basis des zugrundeliegenden Konzepts zu verstehen. So verhält es sich auch im Hinblick auf Ihre Zukunft als Nichtraucher. Ihnen muß klar sein, daß Sie auch in Zukunft immer mal wieder mit Rauchern, Zigaretten, Aschern und Feuerzeugen konfrontiert sein werden, das heißt, Sie werden das Thema »Rauchen« niemals völlig ausblenden können.

Vielleicht werden Sie anfangs den Wunsch spüren, diesem Thema möglichst auszuweichen. Aber es ist wichtig, ein normales Verhältnis dazu zu entwickeln. Laufen Sie nicht davor weg! Genauso wichtig ist allerdings auch, Raucher nicht »bekehren« zu wollen. Ein normales Verhältnis zum Rauchen zu gewinnen, bedeutet, es objektiv betrachten zu können.

Im Buddhismus wird die Übung der Achtsamkeit auch »reines Beobachten« genannt. Es handelt sich dabei um das geduldige Wahrnehmen der Wirklichkeit ohne die Einmischung persönlicher Wertungen, Vorurteile, Meinungen etc. Achtsamkeit bedeutet, die Fähigkeit zu entwickeln, das Erleben von der Bewertung des Erlebten gedanklich trennen zu können. Gerade die Vermischung von erlebter Wirklichkeit und deren Bewertung durch persönliche gedankliche Konstrukte führt zu einer Verzerrung der Wahrnehmung. Wie könnte man auf der Basis einer so verzerrten Wahrnehmung die Welt oder sich selbst erkennen? Das ist unmöglich.

So sieht der Buddhismus auch in vermeintlich »bösartigen Gefühlen« und »schlechten Gedanken« kein

Achtsamkeit und Gelassenheit

Problem, denn nicht das Erleben solcher Emotionen oder Gedanken ist problematisch, sondern unsere Art und Weise, damit umzugehen. Der Buddhismus sagt: »Nicht anhaften!« Das bedeutet für den Buddhisten beispielsweise, destruktive Gefühle und Gedanken einfach wieder loszulassen. Während uns also die Übung

der Achtsamkeit aufzeigt, wann, wie und wo Gefühle und Gedanken entstehen, ohne daß wir dies steuern könnten, ermöglicht die Übung der Gelassenheit, solche Gefühle und Gedanken wieder fortziehen zu lassen.

Der Buddhismus weist uns darauf hin, daß wir nicht die Verursacher unserer Gefühle sind. Es gibt also keinen Grund, jede Emotion ausleben zu wollen, insbesondere nicht, wenn uns oder anderen dadurch Schaden entsteht. So ist eben auch der Gedanke: »Eigentlich würde ich jetzt gern eine Zigarette rauchen. Also sollte

Lektion X

ich es auch tun. Sonst mache ich mir doch nur etwas vor« ein Fehlschluß. Wir haben bereits untersucht, wie sich der Nikotin-Dämon bei einem Raucher im Bereich des Unbewußten verborgen hält, um Macht auszuüben. Diese Macht erlangt der Dämon durch ein Verhaltenstraining, das den Raucher konditioniert, auf bestimmte Signale mit dem Anzünden einer Zigarette zu reagieren.

Diese Signale sind einerseits Botschaften des Körpers: Immer wenn der Nikotinpegel unter ein bestimmtes Niveau absinkt, spürt der Raucher den Wunsch nach einer Zigarette. Andererseits können aber auch bestimmte Situationen diesen Wunsch auslösen, selbst wenn der Nikotinpegel nicht gesunken ist. So gibt es beispielsweise viele Raucher, die automatisch zur Zigarette greifen, wenn das Telefon klingelt … In Ihrem Unbewußten können sich viele verschiedene Situationen oder Handlungen zum Signalreiz entwickelt haben. Es braucht etwas Zeit, bis Sie vergessen haben, diese Situationen als Aufforderung zum Rauchen zu interpretieren.

Der Buddhismus begreift Achtsamkeit als die stärkste Waffe im Kampf gegen Fiktionen. Der Einsatz dieser Waffe garantiert die Abwehr von Täuschungen und ist ein Mittel, das Sie vor dem Begehen eines Fehlers schützt. Achtsamkeit bewahrt Sie davor, einem flüchtigen Impuls zu folgen. Achtsamkeit bedeutet, daß Sie lernen, Ihre Gefühle und Impulse als das anzusehen, was sie wirklich sind: flüchtige Bewegungen, die aus den Tiefen Ihrer Psyche kommen. Sie müssen diesen

Achtsamkeit und Gelassenheit

Gefühlen nicht folgen. Akzeptieren Sie sie, kämpfen Sie nicht dagegen an. Und dann lassen Sie los.

Jedes antrainierte Verhalten benötigt eine gewisse Zeitspanne, um verlernt zu werden. So ist es auch mit den Verhaltensweisen eines Rauchers. Während der Zeit nach der letzten Zigarette ist es wichtig, den *relativen* Charakter von Impulsen zu sehen, die Ihnen sagen: »Ich möchte jetzt rauchen!«

Der buddhistische Meister Dogen (1200–1253) schrieb: »Den Buddhismus studieren heißt, sich selbst zu studieren, sich selbst zu studieren heißt, sich selbst zu vergessen. Sich selbst zu vergessen bedeutet, Erleuchtung zu erlangen.« Wir können diesen zentralen Lehrsatz des Zen-Buddhismus hier nicht erschöpfend diskutieren; in dem für uns wichtigen Kontext lassen sich jedoch einige wertvolle Schlüsse daraus ableiten.

Die kontinuierliche Übung der Achtsamkeit führt zu tiefgründigem Wissen und Verständnis der persönlichen Motive und Potentiale. Dieses Selbststudium befreit von all jenen Ängsten und Zweifeln, die zwangsläufig mit der Unsicherheit über das »wahre Wesen« der eigenen Persönlichkeit verbunden sind. Der Gedanke, eine Zigarette rauchen zu wollen, erschreckt Sie nur so lange, bis Sie durch Selbstbeobachtung herausgefunden haben, daß dieser Impuls keine Bedeutung besitzt und Sie ihm nicht folgen müssen. Sie werden beobachten, wie solche Gedanken auftauchen und verschwinden, ohne eine Spur zu hinterlassen.

Sie werden in der Lage sein, »sich selbst zu vergessen«, das heißt, ohne Sorge, ohne angstvolles Anhaften an solchen vermeintlich »schlimmen Gedanken« abzuwarten, bis sich derartige Impulse von selbst aufgelöst haben. Buddhistischer Auffassung zufolge führt das geduldige Selbststudium zur Fähigkeit des Loslassens, genauer gesagt zum Wissen, daß man emotionalen Impulsen nicht folgen muß, also Freiheit in der Wahl seines Verhaltens erlangen kann.

Das Sich-selbst-Vergessen kennzeichnet einen Zustand, der die zwanghafte Fixierung auf innere Regungen überwunden hat, ohne dabei emotionslos zu sein. Diese Gelassenheit ermöglicht es übrigens dem buddhistischen Schüler, die häufig während der traditionellen Schulung auftretenden Irritationen zu bewältigen.

Prägen Sie sich den eingangs erwähnten Grundsatz ein, niemals in Panik zu verfallen. Es gibt kein Problem, das durch gedankenlose Hektik gelöst werden könnte. Falls Sie also eine innere Unruhe bemerken, dann gehen Sie daran, diese Unruhe aufzulösen. Vergessen Sie das scheinbar aktuelle Problem. Widmen Sie sich statt dessen Ihrer seelischen und physischen Entspannung.

Ein solcher Umgang mit Spannungen ist nicht jedem geläufig; viele Menschen bestehen darauf, zunächst den Auslöser der Unruhe, also das Problem, beseitigen zu wollen. Doch dieser Ansatz greift häufig zu kurz, denn wie bereits beschrieben, sind meist eben nicht bestimmte Situationen oder Ereignisse an sich problematisch, sondern unsere diesbezüglichen Bewertungen.

Achtsamkeit und Gelassenheit

Etablieren Sie Achtsamkeit und Gelassenheit bewußt als fundamentale Qualitäten in Ihrem Leben. Sie werden sehr bald bemerken, wie sich die Dinge zu einem Besseren wenden. Sie werden sich nicht nur leicht endgültig von der Nikotinsucht lösen, sondern auch in allen anderen Bereichen Ihres Lebens eine positive Entwicklung wahrnehmen.

Lektion x

Übungen

Übung 1
Beschreiben Sie in regelmäßigen Abständen, wie sich Ihr neues Leben anfühlt und welche Gedanken Ihnen durch den Kopf gehen. Nutzen Sie dafür entweder ein »Gesprächsbuch«, in dem Sie sich mit einem imaginären Partner austauschen, oder ein konventionelles Tagebuch. Wichtig ist, positiv über Ihr Erleben zu reflektieren. Machen Sie sich selbst Mut. Bestärken Sie sich in Ihrem Entschluß. Konzentrieren Sie sich auf die Wahrnehmung und Beschreibung der positiven Veränderungen.

Übung 2
Wollen Sie mir von Ihren Erfahrungen berichten? Dann schreiben Sie mir an shifu@damo-chuan.de, vielleicht können Ihre Erfahrungen für andere hilfreich sein!

Literaturangaben

Asshauer, Egbert: *Tibets sanfte Medizin. Heilkunst vom Dach der Welt.* Oesch, Zürich, 5. Aufl. 2003.
David-Néel, Alexandra: *Heilige und Hexer.* Brockhaus, Wiesbaden 1981.
Frank, Kai-Uwe: *Altchinesische Heilungswege. Das Handbuch der fernöstlichen Naturheilkunde.* Jopp/Oesch, Zürich, 7. Aufl. 2003.
Jaffé, Aniela (Hrsg.): *Erinnerungen, Träume, Gedanken von C. G. Jung.* Ex Libris, Zürich 1962.
Jarosch, Ingo: *Die sanften Künste.* Oesch, Zürich 2003.
Laotse: *Tao Te King.* Goldmann, München 2003.
Methfessel, Thomas: *Tai Chi für Anfänger.* Jopp/Oesch, Zürich, 10. Aufl. 2003.
Reichle, Franz (Hrsg.): *Das Wissen vom Heilen. Tibetische Medizin.* Oesch, Zürich, 6. Aufl. 2003.
Schramm, Matthias: *Ayurveda für Anfänger. Das Wissen vom langen Leben.* Jopp/Oesch, Zürich, 2. Aufl. 2004.
Stahl, Dieter: *Gesund und fit durch Reiki. Entspannung, natürliche Heilung und Persönlichkeitsentwicklung.* Jopp/Oesch, Zürich, 3. Aufl. 2002.
Sun Tsu: *Die Kunst des Krieges.* Droemer Knaur, München 2001.
Weber, Anders: *Autogenes Training – eine Lebenshilfe. Seine Geheimnisse verstehen und im täglichen Leben entspannt anwenden.* Oesch, Zürich, 2. Aufl. 2002.

Bildlegenden

- 8 Schloß von Osaka
- 17 Morgenandacht am Ganges
- 23 Die »Alles Sehenden Augen Buddhas«
- 33 Ein Bikkhu bei ehrfürchtigen Rechtsumkreisungen
- 35 Betender Mönch im Kloster Ganden
- 47 Himmelstempel: Chi-Nien-Tien, der Tempel des Glücklichen Jahres
- 50 Wasserlilien
- 55 Ein Hof in der verbotenen Stadt
- 65 Goldpagode des Jokhang-Tempels
- 71 Zwischen Memotschutsän und Coqen, Tibet
- 77 Gandhakutī-Tempel
- 93 Mahābodhi-Tempel in Bodh Gayā
- 99 Pilgerin mit Opfergaben
- 103 Pilgerweg am Kailas
- 111 Das »Rad der Lehre« ist das Symbol aller buddhistischen Traditionen
- 119 Itsukushima-Schrein

Bildnachweis
Ursula Demeter: 35, 47, 65, 71, 99, 103; Oskar Eckstein: 55; Peter Grieder: 17, 111; I.S.E.I., Tokio: 8, 119; Ansgar Marx: 23, 50; Hans Wolfgang Schumann: 33, 77, 93.
Die Rechteinhaber konnten teilweise nicht eruiert werden. Berechtigte bitten wir um Meldung an den Verlag.

Bücher für positive Lebensgestaltung

Thomas Methfessel

Qigong für Anfänger

Reich illustrierte Einführung in Theorie und Praxis der chinesischen Gesundheitsübungen

155 Seiten, mit 84 Farbabbildungen und zahlreichen Zeichnungen
ISBN 3-0350-5060-0

Thomas Methfessel veranschaulicht in dieser Einführung in die chinesischen Gesundheitsübungen den Weg, den Qigong bis nach Mitteleuropa genommen hat. Fachkundig schildert er kulturell-historische, philosophische und medizinische Wurzeln der anmutigen Kunst, beschreibt ihre Wirkungen und erläutert Übungen für die Praxis.
Ein Buch, das aus den Bedürfnissen von Methfessels Schülern gewachsen ist.

Oesch Verlag
Jungholzstraße 28, CH-8050 Zürich
Telefax 0041-1/305 70 66
E-Mail: info@oeschverlag.ch
www.oeschverlag.ch

Bitte verlangen Sie unser aktuelles Verlagsprogramm direkt beim Verlag
Alle Bücher von Jopp/Oesch erhalten Sie in Ihrer Buchhandlung